엮은이 **라이너 풍크** Rainer Funk

국제 에리히 프롬 협회 이사. 에리히 프롬의 마지막 8년
을 함께한 조교였으며, 에리히 프롬의 사회심리학 및
윤리학에 관한 논문으로 박사학위를 받았다.《에리히
프롬 전집》《유고 선집》등을 책임 편집했다. 에리히
프롬 문헌실을 운영하며 ○○○○○○○다. 튀빙겐에

옮긴이 **장혜경**

연세대학교 독어독문학과를 졸업하고, 동 대학원에
서 박사과정을 수료했다. 독일 학술 교류처 장학생으
로 하노버에서 공부했다. 전문 번역가로 활동 중이
며, 에리히 프롬의 저서《나는 왜 무기력을 되풀이하
는가》외에《에리히 프롬》《소중한 사람에게 우울증
이 찾아왔습니다》《내 안의 차별주의자》등을 우리
말로 옮겼다.

우리는
여전히
　　　삶을
사랑하는가

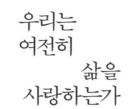

우리는
여전히
삶을
사랑하는가

에리히 프롬

장혜경 옮김

김영사

우리는 여전히 삶을 사랑하는가

1판 1쇄 발행 2022. 2. 11.
1판 17쇄 발행 2023. 10. 27.

지은이 에리히 프롬
엮은이 라이너 풍크
옮긴이 장혜경

발행인 고세규
편집 이혜민 **디자인** 박주희
발행처 김영사
등록 1979년 5월 17일(제406-2003-036호)
주소 경기도 파주시 문발로 197(문발동) 우편번호 10881
전화 마케팅부 031)955-3100, 편집부 031)955-3200 | **팩스** 031)955-3111

값은 뒤표지에 있습니다.
ISBN 978-89-349-4967-1 03180

홈페이지 www.gimmyoung.com   **블로그** blog.naver.com/gybook
인스타그램 instagram.com/gimmyoung   **이메일** bestbook@gimmyoung.com

서문

"언제나 마음을 끌어당기는 것은 살아 있는 것이다." 이 책에 제목을 선사한 첫 번째 글 〈우리는 여전히 삶을 사랑하는가〉에서 에리히 프롬은 이렇게 말한다. 우리는 살아 있는 것에 마음을 빼앗기는가?

그렇다. 우리는 살아 있는 것에 마음이 끌린다! 봄이 되어 자연이 소생하면 우리의 감각도 살아난다. 아이의 환호와 기쁨에 전염될 때면, 오래도록 바라던 것을 이룰 때면, 무언가를 실제로 경험할 때면, 관계에서 부드럽거나 에로틱한 무언가가 꿈틀댈 때면 우리는 살아 있는 것에 마음을 빼앗긴다. 삶을 사랑할 수 있다는 것, 살아 있다는 것은 정말로 중요하다. 첫 번째 글 마지막 부분에서 프롬은 선언한다. "인생에서 가장 중요한 것은 행복이 아니라 살아 있는 것이다."

그렇다면 살아 있는 것을 향한 이런 사랑이 특별한 이유는 무엇인가? 프롬이 생각하는 사랑은 "항상 성장을 향한 적극적 관심을 담고 있다. 우리가 사랑하는 것의 생명력을 향한 관심을 담고 있다. 그럴 수밖에 없는 것이 사랑이란 하나가 되고 온전하게 되는 과정이기 때문이다. 생명력 넘치는 모든 것을 향한 사랑은 이런 성장을 촉진하고픈 열정적 욕망으로 표현된다."

에리히 프롬이 삶에 대한 사랑과 살아 있는 것에 끌리는 마음을 현대인의 핵심 문제로 삼은 것은 결코 우연이 아니다. 20세기 정신분석학자들과 달리 그는 사회와 문화에서 심리적 변화를 감지했다. 그리고 수많은 사람들의 마음에서 (의식적이기보다는 무의식적으로) 일어나는 일들을 말로 옮겼다. 각양각색의 환자들과 함께한 슈퍼비전 및 심리 치료 상담, 경험 연구(프롬, 1970b; 1980a)를 바탕으로 프롬은 환자 내면의 변화에서 유사성을 찾아냈고 이를 경제, 노동조직, 사회, 정치의 발전과 연계했다.

프롬은 1950년대부터 이미 삶을 사랑하며, 살아 있다고 느끼는 능력이 점차 줄기 시작했다고 보았다. 산업을 통한 생산으로 시장경제가 탄생했고, 시장경제에서는 대량생산 제품의 판매 전략(마케팅)이 날로 중요해졌다. 모든 것을 지배하는 마케팅이 사람들의 마음을 파고들어, 이제 사람들은 자신의 인성마저 잘 팔아야 하는 상품으로 생각하게 되었다.

자신이 누구인지, 어떤 개인적 특성을 자랑하는지는 더이상 중요하지 않다. 사람들의 관심은 어떤 자질과 개성을 훈련하면 항상 친절하며 능률적이고 고객 지향적이며 공손한 사람이 될 수 있는지에 쏠린다. 이제 살아 있다는 사실을 경험하고 삶을 사랑하는 것이 아니라 살아 있는 것처럼 연출할 수 있느냐가 중요하다. 존재가 아니라 퍼포먼스가 중요한 것이다. 자기 나름의 존재(자기 나름의 생각과 느낌, 본래의 관심과 활동성)는 성공하고 호응을 얻는 데는 대부분 유익하지 않다. 따라서 자기 나름의 것은 의식적 경험에서 쫓아버리고 습득한 것(훈련해 배웠거나 소비해 얻은 것)으로 자신을 느끼려 한다. 프롬은 사람들이 생각하고 느끼는 힘, 스스로 활동적이도록 해주는 자기 나름의 힘에서 '소외되어' 그 힘을 길어낼 수조차 없게 되었다고 말한다.

습득한 것으로도 어느 정도 메아리를 잘 지어낼 수 있고 꾸준히 활기를 얻는 동안에는 자신이 자기 나름의 정신적, 심리적 힘으로 사는 게 아니어서 사실상 내면에서 활기도 사랑도 느끼지 못한다는 사실을 대부분 눈치채지 못한다. 훈련해 배운 것과 다채로운 체험 서비스 및 오락이 눈에 거슬리거나 맡은 바 소임을 다하지 못하는 상황이 되어야 한다. 그제야 사람들은 자신이 얼마나 의욕도, 관심도, 상상력도 없고 마음이 공허하고 수동적인지, 나아가 진짜 우울증과 무감정 상태로 굴러떨어질 위험에 노출되어 있는지 깨닫는다. 그사이 의료보험사들은 우울한 기분을 느끼거나 급성 우울증을 앓는, 그러니까 삶을 사랑할 기력이 없는 피보험자 비율이 누가 더 높은지를 두고 경쟁을 벌인다.

우리는 여전히 삶을 사랑하는가? 활력과 체험을 제공하는 온갖 서비스로 인해 우리는 자신이 얼마나 활력과 내적 활동성을 잃어버렸는지 깨닫지 못한다. 자극이 있을 때만, 활력과 생기를 억지로 불어넣을 때만 살아 있다고 느낄 위험이 커져간다. 하지만 진정으로 살아 있다고 실감하려면 스스로 생각하고 느끼고 활동적일 수 있는 자기 나름의 힘과 멀어지지 말아야 한다.

"우리는 여전히 삶을 사랑하는가?" 이 질문은 1960년대 초반에 다시 한번 전혀 다른 폭발력을 얻는다. 당시 양대 열강, 소련과 미국의 냉전은 격심해지다 못해 제3차 세계대전을 향해 내달리고 있었다. 핵 군비 확장 경쟁이 끝을 모르고 치달아 이미 기존 핵무기로도 전 지구인을 몇 번이나 죽일 수 있을 정도였다. 프롬은 위협을 느꼈고 멕시코에 머물며 미국 정치에 영향력을 행사하려 노력했다.

1957년 프롬은 미국 최대 평화운동인 'SANE' 결성에 참여했다. 또 군비경쟁 및 미국, 소련, 중국, 독일의 정책과 외교 문제에 대해 수많은 정치 분석 글을 기고했다. 그리고 그 글들을 미국 의회 의원들에게 보내 미국 정책에 영향을 미치고자 했다. 1961년에는 외교정책의 사실과 허구에 관한 글을 발표해(프롬. 1961a) 큰 주목을 받았다. 그는 그 글에서 양대 열강의 정책이 얼마나 투사에 좌우되는지 입증했다. '사회심리 분석가'로 이름을 날린 프롬은 몇 달에 걸쳐 미국 대학을 돌며 강연을 열어 대학생들에게 핵무기 추방과 냉전 종식을 호소했다.

쿠바 위기로 세계대전 발발 위험이 절정으로 치달았다. 1962년 7월 10일 소련이 몰래 쿠바에 군대를 주둔시키고 중거리탄도미사일을 배치하기 시작했다. 1962년 9월에 찍은 항공사진에 소련 배들이 미사일 발사 기지 건설에 필요한 자재를 쿠바로 수송하는 장면이 포착되었다. 이 소식을 들은 프롬은 긴장했다. 1962년 9월 29일 그는 영국 출판업자 클라라 어커트Clara Urquhart에게 편지를 보냈다.

얼마 전 밤에 일종의 호소문을 썼습니다. 삶에 대한 사랑을 주제로 말입니다. 절망스러운 심정으로 그 글을 쓰면서 이제는 핵전쟁을 피할 기회가 거의 없다고 느꼈습니다. 문득 사람들이 전쟁의 위험에 이렇듯 수동적인 이유는 대다수가 삶을 사랑하지 않기 때문이라는 생각과 느낌이 들었습니다. 그래서 평화 사랑이나 전쟁 공포를 외치기보다 삶에 대한 사랑을 호소하는 편이 더 효과가 좋을 수 있겠다는 생각이 들었습니다. 또 그런 호소문에 노벨상 수상자들이 모여 서명한다면 효과가 더 크리라는 생각도 했습니다. 버트런드 러셀과 슈바이처 박사가 선도할 수 있을 것입니다.

튀빙겐의 에리히 프롬 문서실에 보관된 편지

프롬은 클라라 어커트를 통해 알베르트 슈바이처와 접촉했다. 슈바이처가 제1차 세계대전 와중에 아프리카 오고웨강 변에서 '윤리적 문화의 몰락 문제'를 치열하게 고민하다(슈바이처, 1963, 178쪽) 크게 낙담한 상태에서 깨달음처럼 '생명에 대한 경외' 사상을 인식했듯 프롬은 한밤중에 삶에 대한 사랑(바이오필리아)을 호소해야겠다고 생각하게 된 것이다. 대다수 사람들이 더 이상 삶과 살아 있는 것을 사랑하지 않고 무의식적으로 점점 더 파괴적인 것과 죽은 것에 대한 사랑(네크로필리아)에 마음을 빼앗기고 있다고 판단했기 때문이다.

핵전쟁의 위험을 뻔히 보면서도 그렇게 많은 사람들이 수동적인 태도를 보이는 것은 삶에 대한 무관심과 파괴적인 것에 끌리는 무의식의 증거일 수 있다고 생각하니 프롬 자신도 무섭고 불안했다. 죽은 것의 매력은 어디서 오는가? 생물학자들이 형태를 가리지 않고 모든 생명을 추동하는 내적 역동성이라 인정하는 것은 인간에게도 그대로 적용되지 않을까? 생명을 발전시키고 성장시키고자 하며, 이런 역동성을 가로막는 일체의 위험에 저항하고, (필요하다면 공격해서라도) 생성과 소멸, 탄생과 죽음을 통해 생존을 보장하는 것이 바로 생명을 추동하는 역동성이다.

어떻게 인간이 생명과 살아 있는 것보다 죽음과 죽은 것에 더 끌릴 수 있단 말인가?

인간과 고등 포유류 및 영장류는 우리가 지금껏 생각했던 것보다 공통점이 훨씬 많지만 특히 인간은 뇌 신경이 발달한 덕분에 자신을 의식하고 인식의 대상으로 삼을 수 있으며, (이 점을 잊어서는 안 된다) 감각적 인식과 유전 프로그램 너머의 현실을 상상하고 상상한 것을 창조적으로 만들어낼 수 있는 유일한 생명 형태다. 인간만이 시를 짓고 비행기를 만들며 전자 미디어를 통해 소통한다. 인간만이 사디즘이라 부를 만큼 잔혹하거나 순전히 파괴하는 것이 재미있어서 폭력을 행사하는 (즉 네크로필한) 공격 형태를 개발한다. 프롬은 《인간의 파괴성 해부*Anatomie der menschlichen Destruktivität*》(프롬, 1973a)에서 그 근거를 상세히 설명했다.

인간의 경우 모든 생명에 깃든 바이오필한 역동성이 강제적이지 않아서 제거될 수 있다. 프롬은 인간 생명의 생물학적 특수성을 고려해 인간의 경우 바이오필리아의 '잠재성' 혹은 '1차적 성향'만이 존재하며, 그것이 개인과 사회의 발전으로 저지되거나 수포로 돌아갈 수도 있다고 보았다(프롬, 1964a, GA II, 189~190쪽 참조). 그렇게 개인이나 사회의 상황 때문에 성장의 성향이 좌절될 경우 심리적으로 역동성의 전환이 일어난다. 프롬은 《자유로부터의 도피 *Die Furcht vor der Freiheit*》에서 이미 이렇게 말한 바 있다(프롬, 1941a, GA I, 324~325쪽).

생명은(…) 성장하고 표현하며 스스로 살아가는 성향이 있다. 이 성향이 좌절되면 생명을 향하던 에너지가 붕괴 과정을 거쳐 파괴로 향하는 에너지로 변한다. (…) 생명이 실현될수록 파괴성의 힘도 줄어든다. 파괴성은 살지 못한 삶의 결과다.

삶과 죽음의 충동은 근원이 같다고 주장한 지그문트 프로이트와 달리 프롬은 사랑과 살아 있는 것을 향하는 삶의 1차적 성향을 확신했다. 물론 그 성향은 저지되거나 좌절될 수 있고 그렇게 되면 심리적 압박, 불안, 정신 질환이 발생하거나, (좌절된 경우에는) 생명이 없는 것과 죽은 것에 마음이 끌게 된다.

핵전쟁이 될 제3차 세계대전이 언제 터질지 모르는 위험한 상황과 그런 위험 앞에서도 수동적이기만 한 사람들을 보면서 프롬은 대다수가 죽은 것에 마음을 빼앗겼다고 해석했다. 1962년 또 한 차례 일촉즉발의 상황이 벌어졌지만 다행히 케네디의 정책 덕분에 고비를 무사히 넘겼다. 항공사진을 통해 쿠바 미사일 발사 기지 건설 사실을 알게 된 케네디는 1962년 10월 22일 해상봉쇄 명령을 내렸다. 10월 27일에는 미 해군 구축함이 핵무기를 실은 소련 잠수함이 떠오르도록 폭뢰를 발사했다. 흐루쇼프는 미국에 불가침조약을 요구했다. 같은 날 미국 정찰기 U2가 쿠바 상공에서 격추되었지만 케네디는 보복을 포기하고 추가 협상의 여지가 있다고 선언했다.

쿠바 위기는 지구를 사람이 살 수 없는 곳으로 만들 파괴력에 날개를 달 수도 있었다. 그러나 그 이후 양대 열강이 긴장 완화 정책으로 방향을 전환해 1989년 결국 냉전을 종식하고 무엇보다 핵무기 저장고 축소와 병기 수 제한을 골자로 한 전략무기감축협정에 도달한 것은 바이오필리아를 향한 1차적 성향이 강화된 결과라 볼 수 있을 것이다.

우리가 여전히 삶을 사랑하는지 아니면 죽은 것에 더 마음이 끌리는지의 문제는 오늘날 일부 다른 모습을 띤다. 물론 자업자득의 결과인 기후변화, 빈곤 및 사회 불평등의 심화, 네크로필한 (자살) 테러나 (핵 로켓을 포함한) 새로운 군비경쟁은 충분히 위험하지만 말이다.

오늘날엔 절박한 전쟁 상황이나 자살 테러가 아니면 파괴를 위한 파괴, 숨김없는 파괴의 욕망 같은 네크로필리아를 잘 목격할 수 없다. 너무 망가져서 더 이상 잃을 것이 없는 사람이 아니라면 대놓고 폭력을 행사하고 말짱한 정신으로 네크로필한 파괴성을 고백할 수는 없을 테니 말이다.

그렇지 않은 나머지 사람들이 설사 삶과 살아 있는 것을 사랑할 수 없다고 해도, 그들이 지닌 파괴와 파멸의 욕망은 무의식적이고 억압된다. 남들은 그들의 실제 행동에서 파괴의 욕망을 보지만 당사자는 자신의 네크로필한 행동을 합리화하고 미화한다. 모든 것을 관료적으로 규제하고 항상 깔끔한 해결책을 추구하며, 옳은 것만 돕거나 조치를 취하려 하고 질서를 잡으려고 한다. 모든 것이 깔끔해야 마음이 편하다. 늘 안전을 택하고 삶을 '아주 확실한 것'으로 생각한다. 사람도 언제나 예측 가능해야 한다. 그렇지 않은 사람하고는 아예 상종하지 않는 게 상책이다. 중요한 것은 모든 것을 잘 '통제하며', 계획대로 되지 않을 경우 어쩔 수 없다면 폭력을 사용해서라도 뜻대로 조종하는 것이다.

그들은 자신의 생각과 기분, 행동에서 파괴성을 인식할 수 없다. 오히려 합리화를 통해 자신의 행동이 지극히 정상이며 세상에서 제일 합리적이라고 생각한다. 하지만 남들은 그들의 행동을 파괴적이라 느끼고 그들이 죽은 것에 끌린다는 사실을 감지한다. 그들이 살아 있지 않은 것, 물적인 것, 예측하고 규제할 수 있는 것, 안전한 것이라면 무엇이든 매우 중요하게 생각한다는 사실은 합리화뿐 아니라 삶과 살아 있는 것에 대한 무관심에서도 드러난다. 모든 것에 무관심한 사람은 삶과 살아 있는 것과의 접촉점을 잃는다. 그러기에 프롬은 〈우리는 여전히 삶을 사랑하는가〉를 이런 말로 마무리 짓는다.

고통은 인생의 최악이 아니다. 최악은 무관심이다.

고통스러울 때는 그 원인을 없애려 노력할 수 있다. 하지만 아무 감정도 없을 때는 마비된다. 지금껏 인류 역사에서 고통은 변화의 산파였다. 역사상 처음으로 무관심이 운명을 바꾸는 인간의 능력을 짓밟아버릴 것인가?

실제 삶에 대한 무관심 중 대부분은 삶에 대한 은폐된 적개심이며 삶과 살아 있는 것에 대한 사랑이 무력해졌다는 확실한 증거다.

사물을 측정하고 계산하고 조종하기 위해 특정 기술을 개발할 가능성은 인류 역사가 이어져오는 동안 엄청난 축복임이 입증되었다. 따라서 기술과 기술적인 것에 대한 사랑 역시 당연히 존재한다. 디지털 혁명과 더불어 컴퓨터의 가능성은 무한히 확장되었고, 디지털화와 전자 미디어, 네트워크 기술의 가능성은 어마어마한 매력을 발산한다. 기술이 낳은 이런 작품에 끌리는 마음도 네크로필리아일까? 기술에 대한 열광은 우리가 살아 있는 것보다 죽은 것을 더 매력적으로 생각한다는 증거일까?

이는 확실하게 예, 아니요로 대답할 수 없는 질문이다. 우선 기술이 더 많이 발달한 분야에서 인간은 자력으로 할 수 있는 것보다 더 많은 일을 해낸다는 점을 인정해야 한다. 특히 전자 미디어는 만능 재주꾼임이 밝혀졌고 생명력이 넘쳐나는 듯 보인다. 검색엔진을 이용하면 언제라도 인류의 지식을 취할 수 있는 데다 순식간에 지구 반대편 사람들과 연결되며 인생의 거의 모든 문제에 답을 찾을 수 있다. 이것만 보더라도 전자 미디어는 우리가 삶을 사랑할 수 있게 하는 막강한 도우미다.

하지만 기술이 유용하다 보니 인간은 자력을 키우는 훈련에 소홀해질 수 있다. 신체의 힘이 약해진 건 이미 오래전에 깨달은 사실이다. 차를 타고 다니면서 스스로 움직이지 않을수록 근육은 자꾸만 위축될 것이다. 따라서 신체 건강을 유지하기 위해 무언가를 해야 한다. 기술과 신체 건강, 그 둘 중 하나가 아니라 둘 다 택해야 하는 문제다.

기억력, 집중력, 상상력, 심사숙고 같은 정신적인 힘 역시 잃지 않으려면 훈련해야 하지만 대부분의 사람들은 그 사실을 깨닫지 못한다. 스스로 노력하거나 '깨어 있지' 않고 남들이 상상하거나 생각한 것 혹은 '딴생각'이나 딴짓하게 만드는 것에 혹하는 마음이 너무 크다.

자기감정의 능력에 이르면 자기 것을 홀대하지 말아야 할 필요성은 더욱 분명해진다. 오늘날엔 산업 전체가 사람들에게 속삭인다. 자기감정을 느끼기보다 체험과 감정 서비스에 공감하는 편이 훨씬 더 매력적이라고, 자기감정은 불확실하고 심지어 부정적일 때도 많다고 말이다. 자극으로 일깨운 연출된 감정에만 공감하는 사람은 누군가가 보고 싶고 누군가와 같은 마음이 되며, 누군가를 그리고 믿을 수 있으며, 마음으로 슬프고 기뻐하며 즐거워할 수 있는 자신의 정서적 능력을 잃고 만다.

자신의 삶과 생명력을 느끼게 해주는 것은 다름 아닌 감정이다. 느끼지 못하면 그것은 '사라진다.' 그와 동시에 자극과 스릴, 열광에 대한 욕망이 점점 더 커지고, 더불어 체험과 생기를 억지로 밀어 넣는 미디어에 더욱 종속될 것이다.

몸의 능력에 해당하는 내용은 인지 및 정서 능력에도 똑같이 해당하기에, 기술의 성과는 기술과 인지 및 정서 능력, 둘 중 하나를 선택하는 것이 아니라 하나를 하되 다른 하나도 방치하지 않아야 하는 문제다. 삶과 공생의 복잡한 문제에서도 알고리즘과 인공지능 프로그램에 의존하는 것이 매우 매력적인 듯 보이지만 인간이 생존하기 위해서는 정신적, 심리적 자력으로 살 수 있어야 한다.

이런 깨달음은 기술과 인간의 관계가 근본적으로 변해도 달라지지 않는다. 디지털 및 전자 기술은 더 이상 인간이 이용 여부를 결정할 수 있는 도구가 아니다. 이미 기술은 많은 사람의 정체성과 자기 체험의 일부가 되어버렸다. 휴대전화 없는 나는 누구인가? 이런 모토에 발맞추어서 말이다.

인간이 기술과 두루두루 공생하고 컴퓨터 프로그램 없이는 일상을 살아갈 수 없다고 해도 생명과 살아 있는 것에 대한 사랑은 바이오필한 신체적, 정신적 자력의 활성화에 좌우될 것이다. 프롬이 〈활동적인 삶〉에서 말했듯 그런 활동성은 "우리 자신에게서 비롯되고, 강요된 것이 아니며, 우리 모두에게 깃든 창조적 힘에서 나오는 어떤 것이 우리 안에서 탄생한다"는 의미다.

프롬에 따르면 살아 있는 것은 인간 자체에, 그의 특징인 신체적, 심리적, 정신적 자력에 깃들어 있다. 첫 번째 글뿐 아니라 〈인간은 수단이 아니라 목적이다〉와 〈소비하는 인간의 공허함〉, 그리고 마지막 글 〈활동적인 삶〉에서도 이 사실을 연신 강조했다.

삶에 대한 사랑은 "종류를 불문하고 모든 사랑의 핵심"이다. 그래서 1939년에 쓴 〈이기심과 자기애〉는 사랑이 넘치는 자신과의 관계와 사랑이 없는(이기적이거나 나르시시즘적인) 자신과의 관계를 설명한다. 이기심은 "자신에 대한 사랑이 부족하기" 때문이다. 자신을 바이오필하게 사랑하는 사람은 "지성과 감정, 관능의 특징을 모두 갖춘 인성 전체를 펼칠 수 있도록" 노력한다.

〈죽음에 대한 태도〉는 유한성과 자기 죽음의 관계를 다루며, 〈창의적인 삶〉은 창조적 행동에 담긴 살아 있는 것을 향한 사랑을 주제로 삼는다. 1937년에 나온 〈무력감에 대하여〉 역시 특별한 언급이 필요할 것 같다. 이 글은 가장 오래되었지만 어떤 시각에서 보면 가장 현실적이기도 하다. 무기력보다 참기 힘든 감정은 없을 것이다. 그래서 우리는 이 감정을 의식하지 않으려 애쓴다. 그 결과가 무엇인지는 이 글에서 자세하게 알 수 있다.

일상에서도 확인할 수 있듯 사회 발전 속도를 따라갈 수 없어 심리적으로 고통당하는 사람들은 모든 것에 무력감을 느낀다. 인간을 종속시키고 무력하게 만드는 원인이 외부의 거대한 힘 때문이 아니라면 무력감을 일으키는 이유는 대부분 우리 내면이 무력해 살아 있는 것에 대한 사랑이 무력해졌기 때문이다. 여기에서도 마찬가지다. 삶에 대한 사랑이 무력감을 이기고 다시 깨어나려면 바이오필한 자력이 되살아나야 한다. 스스로 생각하고 감정을 빠짐없이 느끼며 창조적으로 활동하는 훈련을 해야만 한다.

라이너 풍크

차 례

1

우리는
여전히
삶을
사랑하는가

우리는 정말로 여전히 삶을 사랑할까? 이런 질문이 말도 안 된다고 생각할 사람은 많지 않겠지만, 아마 많은 사람이 이런 질문을 받으면 당황할 것이다. 세상 모든 사람은 삶을 사랑하지 않을까? 우리가 하는 모든 행동의 이유가 삶에 대한 사랑이 아닐까? 삶을 사랑하지 않았더라면, 삶을 유지하고 삶의 조건을 개선하기 위해 수많은 노력을 기울이지 않았더라면 과연 우리가 지금까지 살아남았을까? 아마 그렇게 생각하는 사람들과 이런 질문을 던지는 나는 노력만 한다면 별 어려움 없이 서로를 잘 이해할 수 있을 것이다.

그렇지 않은 사람들과는 공동의 이해에 이르는 것이 조금 더 어려울 수 있다. 특히 내 질문에 살짝 화를 내는 사람들하고 그러리라 생각된다. 그들은 화를 내며 어떻게 감히 삶을 향한 우리 사랑을 의심할 수 있느냐고 묻는다. 우리 문명 전체, 삶의 방식, 종교 감정, 정치관이 이런 삶에 대한 사랑에 뿌리내리고 있지 않은가? 그걸 의심하는 자는 우리 문화의 기반을 흔들지 않겠는가? 떼쓰는 사람과는 서로 이해하기가 훨씬 더 힘들다. 떼는 본질적으로 항상 화와 독선이 섞여 있어 그 무엇도 이해하기 힘들기 때문이다. 화내는 사람은 떼쓰는 사람보다는 합리적이며 다정한 말로 다가가기가 쉽다. 떼쓰는 사람은 자신이 올바르다고 굳게 믿고 그 믿음으로 자신의 화를 은폐하려 애쓰기 때문이다. 물론 떼쓰는 사람 중에도 내 질문에 응할 마음을 가질 사람이 더러 있을 것이다. 내가 누군가를 공격하려는 것이 아니라, 그저 우리가 맞서야만 무사히 넘길 수 있을 위험을 알리기 위해 질문했다는 사실을 그들이 깨닫는다면 말이다.

삶에 대한 최소한의 사랑이 없다면 어떤 인간과 문화도 존재할 수 없을 것이다. 그 사실에는 의심의 여지가 없다. 최소한의 사랑을 잃어버린 사람들은 미치거나 자살하고, 희망이라고는 없는 알코올중독자나 마약중독자가 된다. 삶에 대한 사랑은 없고 파괴성만 그득해 부서지고 몰락하거나 몰락하기 직전에 이른 사회를 우리는 잘 알고 있다. 한 가지 사례가 소수의 스페인 사람들에게 권력을 빼앗기고 먼지처럼 흩어져버린 아스텍 부족이다. 혹은 히틀러의 뜻대로 되었다면 집단 자살의 제물이 되고 말았을 나치 독일이 그렇다. 서구는 아직까지 몰락하지 않았지만 그렇게 될 조짐이 보인다.

삶에 대한 사랑을 이야기하려면 먼저 우리가 삶을 무엇이라 생각하는지부터 이야기해야 한다. 언뜻 생각하면 쉬운 듯하다. 가령 삶은 죽음의 반대라고 할 수 있다. 살아 있는 사람이나 동물은 스스로 움직이고 자극에 반응한다. 죽은 유기체는 그럴 수 없다. 분해되어 한 조각 나무나 돌보다 더 빨리 흩어진다. 물론 근본적으로는 삶을 그렇게 정의할 수도 있다. 하지만 나는 삶의 특수성을 조금 더 자세히 설명하고 싶다. 삶이란 항상 하나가 되고 완전해지려는 성향이 있다는 사실을 말이다. 달리 표현하면 삶이란 어쩔 수 없이 성장과 변화의 과정이다. 성장과 변화가 멈추면 죽음이 닥친다. 하지만 그렇다고 해서 정해진 형식 없이 제멋대로 성장하지는 않는다. 모든 생명체에겐 염색체에 심긴 나름의 형식과 구조가 있기 때문이다. 생명체는 더 완벽하고 완전하게 성장할 수는 있어도 자기 안에 담기지 않은 것으로 자라날 수는 없다.

삶은 항상 과정이다. 변화와 발전의 과정이며, 기존 구조와 태어난 환경이 주고받는 끝없는 상호작용 과정이기도 하다. 사과나무는 절대 벚나무가 될 수 없지만, 사과나무나 벚나무는 타고난 체질과 환경 조건에 따라 멋진 나무가 될 수도, 아닐 수도 있다. 어떤 나무한테는 축복인 습기와 햇볕이 다른 나무를 죽일 수도 있다. 인간도 다르지 않다. 안타깝게도 부모와 교사는 대부분 정원사보다 못하다. 정원사는 자기가 키우는 식물에 대해 잘 알지만 우리네 부모와 교사는 인간에게 유익한 것이 무엇인지 잘 모른다.

그러나 삶이 예상할 수 없게 제멋대로 성장하는 것이 아니라 주어진 구조적 모델에 따라 성장한다는 주장이 (매우 넓은 의미를 제외하고는) 생명체의 지극히 특수한 측면을 예상할 수 있다는 의미는 결코 아니다. 이것은 살아 있는 모든 것이 갖는 큰 역설이다. 생명체는 예상할 수 있지만 동시에 예상할 수 없기도 하다. 큰 그림에서 보면 하나의 생명체가 무엇이 될지 우리는 제법 정확히 알고 있다. 하지만 삶은 놀라운 일로 가득하다. 무생명의 영역에 있는 질서와 비교하면 살아 있는 것은 '무질서하다.' 모든 생명체에게서 질서를 기대할 정도로 질서에 목매는 사람이라면 (여기서 '질서'란 항상 자기 정신의 범주일 뿐이라는 사실을 잊지 말자) 실망하게 될 것이다. 질서에 대한 요구가 특히 강한 사람이라면 삶을 지배하겠다며 삶에도 질서를 강요하려 들 것이다. 그러다가 삶이 자기 손아귀에 들어오지 않는다는 사실을 깨달으면 지나치게 실망하고 분노해 결국 삶의 숨통을 끊어 죽이려 들 것이다. 삶을 자기 손아귀에 움켜쥐어야 한다는 강박에서 벗어날 수 없기에 삶을 증오하게 된 것이다. 삶을 향한 그의 사랑은 실패하고 말았다. 어느 프랑스 노래 가사처럼 '사랑은 자유의 아이'이기 때문이다.

앞서 설명한 내용은 타인의 삶을 대하는 우리 자세뿐 아니라 자신의 삶을 대하는 자세에도 해당한다. 우리는 자신의 감정과 생각, 행동을 통제하겠다고 고집을 피우다 평생 한 번도 자발적으로 행동하지 못하고 해방감을 느끼지 못하는 사람들을 알고 있다. 이들은 행동의 결과에 확신이 없으면 그 어떤 행동도 하지 못한다. 의심 탓에 항상 마음이 괴롭고 안간힘을 써 확신을 찾으며 확신을 찾지 못하면 더 심한 의심에 사로잡혀 괴로워한다. 그런 강박적 통제 욕구에 시달리는 사람들은 다정할 수도, 잔혹할 수도 있다. 하지만 항상 조건이 충족되어야 한다. 즉 자신이 관심을 갖는 대상을 통제할 수 있어야 한다. 통제 욕구가 일정 수준을 넘어가면 강박 노이로제와 중증 사디즘이라 부른다. 그런 명칭은 정신 질환을 분류할 때는 유익하다. 하지만 보는 방식을 약간 달리하면 그 사람은 삶을 사랑할 능력이 없고 통제할 수 없는 것을 특히 겁내기 때문에 삶을 두려워한다고 할 수도 있을 것이다.

삶을 사랑하건, 다른 사람이나 동물, 꽃을 사랑하건 모든 종류의 사랑에 적용되는 기본 원칙이 있다. 내 사랑이 적절하고 상대의 욕망과 본성에 맞을 때만 나는 사랑할 수 있다. 적은 물을 필요로 하는 식물이라면 그 식물에 대한 사랑은 필요한 만큼만 물을 주는 것으로 표현된다. '식물에 무엇이 좋은지'에 관련된 선입견이 있다면, 가령 최대한 물을 많이 주는 것이 모든 식물에 좋다고 생각한다면 나는 식물을 해칠 것이고 죽일 것이다. 나에게는 식물이 사랑받아야 할 방식대로 식물을 사랑할 능력이 없기 때문이다. 그러므로 단순히 사랑만 하는 것으로는, 다른 생명체가 '잘되기를 바라는' 것만으로는 충분하지 않다. 식물이, 동물이, 아이가, 남편이, 아내가 뭘 필요로 하는지 모르고 무엇이 상대에게 최선인지 정한 내 선입견과 상대를 통제하려는 욕망을 버릴 수 없다면 내 사랑은 파괴적이다. 내 사랑은 죽음의 키스인 것이다.

상대를 많이, 심지어 열정적으로 사랑하는데도 왜 상대의 사랑을 얻지 못하는지, 왜 심지어 그를 쫓아버리는지 이해하지 못하는 사람이 많다. 잔인한 운명을 한탄하지만 왜 자신의 사랑이 상대의 사랑을 일깨우지 못하는지 절대 알지 못한다. 하지만 자기 처지를 불쌍히 여기지 않고 신세 한탄을 멈춘다면, 도움의 길이 열릴 수 있고 나아가 사건의 비극적 전개를 바꿀 수 있을 것이다. 물론 그전에 자신의 사랑이 상대의 욕구와 맞아떨어지는지, 아니면 타인에게 가장 좋은 것이 무엇인지 제멋대로 정한 선입견의 결과인지 물어야 한다.

통제와 폭력 행사는 불과 한 걸음 차이다. 삶의 통제에 해당하는 사항은 폭력에도 그대로 적용된다. 사랑과 폭력은 절대 화합할 수 없는 적수다. 아마 인간의 행동 중 사랑과 폭력만큼 거리가 먼 것도 없을 것이다. 둘은 우리 본성 깊이 뿌리내리고 있다. 둘은 현실에 대처하고 현실을 감당하는 기본 방법이다. 폭력이라고 해서 폭력 행위, 공격, 습격, 전쟁을 떠올릴 필요는 없다. 그 모두는 폭력의 격한 표현 형태지만, 폭력의 **원칙**과 같은 것은 아니다. 사람들은 대부분 폭력의 원칙을 너무나 자연스럽고 당연하다 생각하므로 거기서 특별한 점을 발견하지 못한다. 하지만 원칙으로서 폭력은 절대로 '인간 본성'의 일부가 아니다.

폭력 원칙을 가장 적절하고 간단한 문제 해결책이라 생

각하는 사람이 많다. 아이가 해야 할 일을 하지 않으면 엄마 입장에서는 폭력으로 강요하는 것이 가장 빠르고 좋은 해결책이다. 엄마에겐 힘이 있고, 아이는 복종해야 한다. 그 힘을 굳이 쓰지 말아야 할 이유가 있는가? 물론 폭력의 종류는 다양해서 더 친절한 종류가 있고 덜 유쾌한 종류가 있다. 마지막 방안으로 남겨둔 폭력을 쓰겠다며 으름장을 놓지 않고도 아이를 설득하려 노력할 수 있다. 하지만 곧바로 으름장부터 놓을 수도 있다. 폭력을 적절히, 목적을 이루기에 필요한 만큼만 사용할 수도 있다. 사디즘 성향이 있는 사람은 곧장 폭력을 쓸 것이다. 또 상황이 요구하는 것보다 훨씬 더 심하게 폭력을 쓸 것이다.

폭력이 반드시 신체적 위협을 뜻하는 것은 아니다. 아이의 여린 마음이나 무지를 이용해 아이를 속이고 기만하거나 조종하는 심리적 방식도 있을 수 있다. 폭력은 특정 목표를 추구하지만, 상대가 정말로 저항할 수 없을 경우 폭력을 행사하는 사람은 그 자체만으로 큰 만족을 느끼기도 한다. 폭력은 자신이 강하고 우월하고 힘이 세다는 사실로 합리화된다. 하지만 이런 합리화는 얼마나 기만적인가! 실제 그 사람이 우월한 것은 그저 아이보다 키가 크고 힘이 세기 때문이다. 권총을 손에 든 남자가 다가온다면 힘세던 사람은 아이가 되고 말 것이다.

아이를 대하는 이런 자세는 폭력을 표현하는 방식 중 하나에 불과하다. 어른의 개인적 삶과 사회적 삶에서도 비슷한 정도로, 아니 더 많이 그런 표현이 존재한다. 우리는 대부분 아이들에게 애정을 느끼고, 그것이 우리 마음을 누그러뜨린다. 하지만 연령대가 같은 어른을 대할 때는, 더구나 그가 낯선 사람이라면 그런 애정의 감정이 덜할 것이다. 어른의 삶에서 폭력의 표현이 더 많은 이유다. 대부분의 인간 사회에는 폭력 행사를 방지하는 법이 있다. 폭력을 휘둘러 타인을 제 뜻대로 행동하게 만들려는 행위를 법이 제재하는 사례는 수없이 많다. 하지만 법은 폭력 앞에서 최소한의 보호밖에 제공하지 못한다. 개인적인 관계에서는 대부분 법이 폭력을 효과적으로 막아주지 못한다. 성인 아들이 자기가 원하는 직업을 갖겠다고 하는데 아버지가 허락하지 않는다면 그것은 폭력이다. 아들이 자기가 택한 여자와 결혼하겠다고 하는데 그 결혼을 막기 위해 어머니가 눈물을 흘리며 아들의 넓은 마음에 호소한다면 그것은 폭력이다. 해고하겠다고 협박하는 기업가, 학생에게 자신의 의견을 받아들이라고 강요하며 그러지 않으면 나쁜 성적을 주는 교사 등은 의식하건 안 하건 폭력을 행사한 것이다.

개별 국가의 관계는 폭력을 제재하는 국제법의 단속

을 받지 않는다. 모든 국가가 갖는 주권 원칙은 적합하다고 생각되는 온갖 수단을 동원해 자국의 이해관계를 관철하도록 허용한다. 이 수단에는 당연히 군사력과 경제력도 포함된다. 심지어 군사력과 경제력이 결정적일 때도 있다. 우리는 **자신의** 폭력은 방어 수단일 뿐이라고 스스로를 달래지만 목표를 이루기 위해서라면 죽음과 파괴마저 거리낌 없이 수긍한다. 신문에서 수많은 남자, 여자, 아이가 죽거나 부상당했다는 기사를 읽으면서도 맛나게 아침을 먹을 수 있을 정도로 우리는 무감각해져버렸다.

물론 폭력 행사는 자신이 상대보다 더 강할 때만 합리적이다. 따라서 자신의 잠재력을 키우고 남에게 따라잡히지 않으려고 사력을 다하는 편이 논리적일 것 같다. 그러나 폭력을 사용해 오래도록 우위를 차지하려는 모든 노력은 반드시 실패할 수밖에 없으며, 그 사실은 개인의 삶보다 역사가 더 인상 깊이 입증해준다. 승리의 기쁨에 취해 우세한 힘을 바탕으로 100년은 너끈할 안정의 기틀을 쌓았다 생각한 권력도 새로운 폭력을 만나거나 내부 힘이 약해지면 몇 년도 못 가 무너지고 만다. 고작 20년을 유지한 히틀러의 천년왕국이야말로 애당초 폭력에 바탕을 둔 승리의 말로를 보여주는 대표적 사례다.

겉보기엔 폭력이 바라는 결과를 이루어주는 것 같아도

폭력에는 마약처럼 위험한 부작용이 따라붙는다. 국가 차원에서는 정복당한 국민에게 뜨거운 복수심을 남기며, 사정이 허락한다면 똑같이 폭력을 사용해도 좋다는 도덕적 정당성을 부여한다. 폭력은 그것을 사용하는 사람에게도 위험한 부작용을 불러온다. 폭력을 사용하는 사람은 폭력 수단(재산, 지위, 명성, 탱크와 폭탄)의 크기를 자기 인성의 크기로 착각한다. 하지만 실제로 **자기 자신**을 더 강하게 만들려는 노력은 전혀 하지 않는다. 자신의 정신, 사랑, 생명력을 키우려는 노력은 전혀 하지 않는다. 그보다는 **수단**의 힘을 키우는 데 모든 에너지를 투자한다. 그러면 폭력 수단의 잠재력은 커질지 몰라도 자기 자신은 더욱 약해진다. 그렇게 일정 지점에 이르면 더 이상 되돌아갈 수 없다. 그에게 남은 것은 폭력적인 방법으로 현실에 대처하며 수단의 성공에 전부를 거는 것뿐이다. 그는 활력과 흥미를 잃고 사람들의 관심을 끌지도 못한다. 물론 그를 향해 경탄을 표하는 사람도 많겠지만 그는 관심보다는 두려움의 대상이 된다.

사랑의 길은 폭력 행사의 길과 반대다. 사랑은 이해하고 설득하며 생명력을 불어넣으려 애쓴다. 이런 이유로 사랑하는 사람은 쉬지 않고 자신을 변화시킨다. 더 많이 느끼고 관찰하며 더 생산적이고 자기 자신과 더욱 가까워진다. 사랑은 감상도 나약함도 아니다. 사랑은 폭력처럼 위험한 부작용을 낳지 않고도 영향을 미치며 변화시키는 방법이다. 폭력과 달리 사랑은 인내를 전제로 한다. 내적 노력을, 무엇보다 용기를 전제로 한다. 사랑으로 문제를 해결하겠다고 결심한 사람은 실망을 참고 견딜 용기, 일이 잘못되어도 인내심을 갖고 지켜보겠다는 용기를 지녀야 한다. 그 사람은 자신의 강인함만 믿으면 되기 때문에 그 힘의 왜곡된 형태인 폭력을 믿을 필요가 없다.

지금껏 설명한 내용은 우리 모두 잘 알고 있다. 그럼에도 그 내용을 적는 것은 의미가 있다. 우리는 그 내용을 잘 알지만 동시에 잘 알지 못하기 때문이다. 삶을 대하는 두 가지 기본자세인 폭력과 사랑에 대해 자세히 설명함으로써 나는 무엇보다 우리가 알고는 있지만 의식하지 못하는 것을 의식하도록 독려하고자 한다. 아이, 강아지, 이웃, 판매원, 정치적 맞수, 심지어 정치적 적수에 이르기까지, 우리는 그들을 대하는 자신의 반응을 관찰할 필요가 있다. 바라던 것이 이루어지지 않으면 우리 몸이 얼마나 곧바로 긴장하는지, 우리가 얼마나 곧장 폭력의 수단을 기웃거리는지, 폭력의 수단을 찾을 수 없거나 갖고 있지 않으면 얼마나 절망하는지 깨달을 필요가 있다. 우리가 얼마나 자주 《이상한 나라의 앨리스》 속 여왕처럼 "저놈의

목을 베어라!"라고 외치고 싶어 하는지 말이다.

자신이 흥분하면 생각 없이 폭력적인 행동을 하는 성향이 있는지 알고 싶다면 가끔은 아주 자세히 지켜보아야 하고, 거의 의식하지 못하는 반응에 귀 기울이는 법부터 배워야 할 것이다. 그런 다음 더 나은 방도를 고민하려 노력하며, 폭력의 마음가짐을 버리고 활력과 인내심을 발휘하려 노력해야 할 것이다. 늘 무슨 득이 될까 고민할 것이 아니라 과정 자체에 더욱 관심을 가져야 하며, 어떻게 하면 긴장이 풀리는지, 어떻게 해야 불안과 경련이 해소되는지 관찰해야 한다.

폭력 행사는 인간존재의 문제를 푸는 길 중 **한 가지**다. 하지만 필요한 힘의 수단을 갖춘 사람에게만 열리는 길이다. 폭력 행사는 삶의 문제를 해결**할 수 있는** 길이긴 하지만 **만족을 주는** 길은 아니다. 자신이 사용하는 힘의 수단에 종속될 것이기 때문이다. 그래서 외로워지고 불안해질 것이다. 제아무리 삶의 문제를 푸는 해답이라 하더라도 폭력은 비합리적인 방법이다. 폭력의 미심쩍은 속성 때문이기도 하지만, 무엇보다 폭력은 인간 삶의 가장 중요한 문제, 즉 피할 수 없는 죽음의 문제에는 아무런 도움이 안 되기 때문이다. 힘이 제일 센 사람도 힘이 하나도 없는 사람과 똑같이 죽을 것이다. 확실한 패배라는 뾰족한 가시는 의식하지 못하더라도 폭력 원칙을 하찮게 만들어버린다.

사랑은 항상 성장을 향한 적극적 관심을 담고 있다. 우리가 사랑하는 것의 생명력을 향한 관심을 담고 있다. 그럴 수밖에 없는 것이 사랑이란 되는 과정, 하나 되고 온전하게 되는 과정이기 때문이다. 생명력 넘치는 모든 것을 향한 사랑은 이런 성장을 촉진하고픈 열정적 욕망으로 표현된다. 앞에서도 말했듯 통제하고 폭력을 행사하고픈 욕망은 사랑의 본성에 위배되며 사랑의 발전과 실현을 방해한다.

아마 이쯤에서 많은 사람이 안달하며 물을 것 같다. 지금껏 사람이나 동물, 식물에 대한 사랑 이야기만 늘어놓더니 왜 여기서 **삶에 대한 사랑**을 이야기하느냐고 말이다. '삶에 대한 사랑'이 있기나 한 것이냐고, **실제** 사랑의 대상은 인간처럼 개별적이고 구체적인 현상인 반면 삶에 대한 사랑은 추상적인 것이 아니냐고 말이다. 삶은 본질적으로 성장의 과정이며 온전해지는 과정이므로 통제와 폭력의 수단으로는 사랑할 수 없으며, 삶에 대한 사랑은 종류를 불문하고 모든 사랑의 핵심이다. 사랑은 한 명의 사람, 한 마리의 동물, 한 포기의 식물에 담긴 생명을 향한다. 삶에 대한 사랑은 추상적인 것과는 거리가 아주 멀며, 종류를 불문하고 모든 사랑의 지극히 구체적이고 실질적인 핵심이다. 다른 사람은 사랑하지만 삶은 사랑하지 않는다고 믿는 사람은 그리워하며 상대에게 매달릴지는 몰라도 그를 사랑하는 것은 아니다. 그 말이 맞다는 건 우리도 잘 안다. 다만 그 사실을 깨닫지 못할 때가 많을 뿐이다.

누군가 다른 사람에 대해 "진정으로 삶을 사랑한다"고 말한다면 대부분은 그게 무슨 뜻인지 잘 안다. 그 말을 들으면 우리는 성장하고 생명력이 넘치는 모든 것을 사랑하는 사람을 떠올릴 것이다. 무럭무럭 자라 어른이 되는 아이, 형태를 갖추어가는 아이디어, 한창 성장 중인 조직에 매력을 느끼는 누군가를 떠올릴 것이다. 그런 사람에게는 돌이나 물처럼 생명이 없는 것조차 살아 있는 것이다. 살아 있는 것이 그의 마음을 끌어당긴다. 그것이 크고 힘이 세서가 아니라 살아 있기 때문이다. 삶을 사랑하는 사람은 얼굴 표정만 봐도 알 수 있다. 그의 눈과 피부에서는 무언가 뿜어져 나온다. 그의 내면에서, 그리고 주변에서 환하게 빛이 난다. '사랑에 빠진' 사람들은 삶을 사랑한다. 이런 삶에 대한 사랑이 서로에게 매력을 느끼는 이유다. 삶에 대한 사랑이 약해지면 사랑은 다시 사라지고, 두 사람은 왜 서로의 얼굴이 여전히 같으면서도 더 이상 같지 않은지 이해할 수 없게 된다.

정도의 차이는 있겠지만 모든 인간에게 삶에 대한 사랑이 있을까? 그렇다면 매우 좋겠지만 안타깝게도 삶을 사랑하지 않고 죽은 것, 파괴, 질병, 타락, 해체를 '사랑하는' 사람도 있다. 이들은 거부감 때문이건 질식시키고 싶은 욕망 때문이건 성장과 생명력에 매력을 느끼지 않는다. 이들은 삶을 즐길 수 없거나 통제할 수 없기에 삶을 미워한다. 세상에 단 하나뿐인 진짜 도착증에 시달린다. 바로 죽은 것에 매력을 느끼는 것이다. 나는 이런 사람들을 '네크로필리아', 즉 '죽음의 연인'(프롬, 1964a, GA II, 178쪽)이라 불렀고, 뚜렷한 형태의 네크로필리아 성향은 정신질환학에서 볼 때 중증 정신 질환에 해당한다고 설명했다.

주변을 둘러보면 삶의 연인 못지않게 죽음의 연인도 많을 것이다. 물론 겉모습만 보면 모두가 '친절하고' '다정할' 테니 선뜻 이런 범주라 생각하고 싶지 않겠지만 말이다. 그러다 실제로 누군가가 욕망에 휘둘려 인간을 죽이는 일이 일어난다면 우리는 어깨를 으쓱하면서 그저 그가 '병이 들어' 그런 것이라며 넘어가려 한다. 물론 그가 병이 들었을 수도 있겠지만 우리도 똑같은 병에 걸리지 않았다고 어떻게 확신할 수 있을까? 우리가 죽음의 연인이 아니라 삶의 연인이라고 어떻게 확신할 수 있을까?

실제로 현재 우리 문화에는 우리도 이미 전염되어 생

명 없는 모든 것에 은근히 끌리고 있음을 말해주는 심각한 증상이 나타난다. 그 증상의 발현은 곳곳에서 목격된다. 국제적 차원의 파괴적 폭력과 패권 추구, 국가적 차원의 범죄와 잔혹함, 우리 사회에서 판매하는 향정신성 의약품의 양으로 알 수 있는 압박감과 불안의 크기, 삶에 대한 진정한 사랑을 스릴과 흥분 상태로 대체하려는 마약 남용이 그것이다. 굳이 통계자료가 아니더라도 그것이 어느 정도인지 확실히 알 수 있다. 우리 모두 많건 적건 이런 증상을 뚜렷하게 보인다. 일단 술을 한잔 마셔야 사람들과 어울리는 자리에서 마음이 편해진다. 그 행사에 필요하다고 생각되면 억지로 유쾌한 척하고 일부러 걱정하는 척한다. 우리는 행사(결혼식, 장례식, 화가의 전시회)에 어떤 것이 잘 어울리는지 **느끼려** 하지 않고 점점 더 **생각하려** 한다. 섹스는 그저 '성행위'와 흥분을 느낀다는 의미일 뿐, 딱 그 욕망을 제하고 나면 상대에 대해 아무것도 느끼지 못한다.

우리가 불안과 압박감에 시달린다는 또 다른 증거는 강박적인 흡연에서 찾을 수 있다. 금연을 시도해본 사람이라면 누구나 타인을 만나야 하거나 불안과 긴장이 따라붙을 때 담배를 피우고 싶은 유혹이 제일 커진다는 사실을 알 것이다. 또 이런 현상도 모두 목격했을 것이다. 가만히 앉아서 아무것도 하지 않으려 하면, 눈을 감고 아무 생각도 하지 않으려 하면 마음이 불안하고 수천 가지 생각이 떠올라 실험이 얼른 끝나기만을 고대하는 것 말이다.

이런 압박감과 불안도 어느 정도는 개인적인 문제이며 개인적인 이유에서 생긴 증상이다. 하지만 대부분은 산업 시대에 인간이 살아가는 방식 때문이다. 그 사실을 입증하는 증거는 무엇보다 결과에 이르는 **과정**보다 **결과**에 더 치우친 우리의 관심이다. 하지만 산업 생산 분야에서 결과를 내는 것은 기계와 장치다. 그 때문에 우리는 자신마저 기계로 생각해 빠른 결과를 얻고 싶어 하고 원하는 효과를 성취할 수 있는 장치를 찾아다닌다.

하지만 우리는 기계가 아니다! 삶은 목적을 위한 수단이 아니라 그 자체가 목적이다. 우리가 삶을 사랑한다면 (매우 중요한 자격 요건이다) 삶의 과정이, 다시 말해 변하고 성장하며 발전하고, 더 자각하며 깨어나는 과정이 그 어떤 기계적 실행이나 성과보다 훨씬 더 중요하다. 왜 다른 사람을 사랑하느냐는 질문에 성공했고 유명하며 돈이 많기 때문이라고 답한다면 그 말을 들은 상대는 아마도 살짝 불쾌감을 느낄 것이다. 그 모든 것이 실제로는 사랑과 별 관계가 없다는 사실을 알기 때문이다. 하지만 생명력이 넘치기 때문에 상대를 사랑한다고, 엄청난 생명력을 뿜어내기에 그의 미소, 목소리, 손과 눈을 사랑한다고 대답한다면 그건 진짜 이유를 대는 것이다. 자기 자신과의 관계에서도 마찬가지다. 누군가가 관심을 끄는 이유는 그가 관심을 품기 때문이며, 누군가 사랑받는 이유는 그가 사랑할 수 있고 자신과 다른 사람에게 깃든 생명을 사랑하기 때문이다.

하지만 과정보다 결과를 더 중요시하는 문화에서는 삶을 사랑하는 자세를 경험하기 힘들다. 사물을 생명보다 중시하고 수단을 목적으로 삼으며 심장이 필요할 때 이성을 사용하라고 채근하는 문화에서 말이다. 다른 사람과 삶을 사랑하는 것은 도급(한쪽이 어떤 일을 완성할 것을 약속하고, 상대편이 그 일의 결과에 대해 일정한 보수를 지급하기로 하는 계약—옮긴이)으로 할 수 있는 일이 아니다. 섹스는 가능하지만 사랑은 그렇지 않다. 고요를 좋아하지 않으면 사랑은 없다. 사랑은 **행동, 소유, 사용**이 아니라 **존재**에 만족하는 능력이다.

삶을 사랑하기가 그토록 힘든 이유 중 또 하나는 날로 커지며 절대 채워지지 않을 사물에 대한 우리의 욕심 때문이다. 물론 분명 사물은 인간에게 기여할 수 있고 또 마땅히 그래야 한다. 하지만 사물을 수단으로 사용하는 데 그치지 않고 그것 자체를 추구할 경우 사물은 삶에 대한 인간의 관심과 사랑을 부수고 인간을 기계의 부속품, 즉 사물로 만들려는 성향을 띤다. 사물은 온갖 것을 만들어낼 수 있지만 사랑을 할 수는 없다. 인간도 삶도 사랑할 수 없다. 하지만 무언가 구매해야만 기쁨이 완전해진다는 속삭임이 쉬지 않고 소비자의 귀를 파고든다. 몇 세대 전만 해도 당연하다 생각했던 사실을 이제는 모른다. 인생의 가장 큰 기쁨은 장치가 없어도 느낄 수 있다는 사실, 고요할 수 있는 능력, '무언가에 뛰어들' 능력, 집중하는 능력이 있으면 된다는 사실 말이다.

달나라 여행은 수백만 가지 상상을 자극한다. 사람들은 대부분 사람, 꽃, 강이나 자기 자신을 온전히 관찰하려 애쓰기보다 달나라 여행을 더 매력적이라 생각한다. 달 탐험이 매력적인 것은 사실이다. 지성과 인내, 용기와 대담함이 필요하기 때문이다. 하지만 사랑이 필요하지는 않다. 그러기에 달 탐험은 기계장치를 사용하는 삶, 기계장치에 대한 탄복과 사랑을 상징한다. 인간이 만든 이런 물건으로 가득한 세상은 우리의 큰 자부심이자 위기다. 현실에서 사물적 측면이 앞설수록 이 사물의 사용에 더 큰 관심을 갖는다. 그러나 삶의 속성을 덜 경험할수록 삶을 사랑하는 능력도 줄어든다. 실제로 삶을 파괴할 수 있는 기술의 기적을 삶 자체보다 더 좋아한다고 생각할 만한 이유는 참으로 많다. 산업화된 세상에서 핵 군축을 효과적으로 할 수 없는 이유도 삶에서 느끼는 매력이 많이 사라지고, 대신 사물이 경탄의 대상이 되어버렸기 때문 아닐까?

삶을 사랑하기 힘든 또 다른 이유는 행동의 관료화가 심해지기 때문이다. '팀워크'니 '집단정신'이니 하는 듣기 좋은 명칭을 아무리 가져다 붙여도 최대의 경제성을 목표로 개인을 재단해 적절한 집단 구성원 형식에 맞추려 한다는 사실은 근본적으로 변하지 않는다. 그러면 개인은 능력 있고 규율을 잘 지키지만 더 이상 그 자신이 아니며 온전히 생명력을 발휘하지 못하기에 삶을 사랑하는 그의 능력은 마비되고 만다.

그러니 변화의 가능성을 묻는 질문이 타당할 것 같다. 삶을 다시 사랑할 수 있으려면 반드시 대량생산 시스템과 기술 성과를 포기해야 할까? 나는 그렇게 생각하지 않는다. 하지만 우리가 위험을 깨달아야 하며 물질적 사물을 그것이 있어야 할 자리에 되돌려놓아야 한다. 더 이상 우리 자신을 사물로 바꾸어서는 안 되며 우리는 사물의 주인으로만 존재해야 할 것이다. 살아 있는 것을 조종하지 않고 사랑할 때, 화가처럼 생명을 부여하는 관계 맺음을 통해 유리잔 같은 사물조차 생명을 얻을 수 있다. 그럴 때 우리는 사람이나 사물을 충분히 오래 바라보기만 해도 그것이 우리에게 말을 건다는 사실을 배운다. 하지만 어떤 것을 얻어내려 하지 말고 그것을 진정으로 바라봐야 한다. 진정으로 고요할 수 있어야 한다. 자기감정은 무조건 "엄청나지 않아?" "다시 보고 싶어 죽을 것 같아" 같은 감격의 말로 표현해야 한다고 생각한다면 아마 그의 느낌은 아무짝에도 쓸모가 없을 것이다. 나무가 금방이라도 응답할 것처럼 나무를 바라볼 수 있는 사람은 아마도 그런 식으로는 전혀 말하고 싶지 않을 것이다.

삶을 사랑할 수 있는 비법은 없지만 많이 배울 수는 있다. 망상을 버리고 타인과 자신을 있는 그대로 볼 수 있는 사람, 계속 밖으로만 나다니지 말고 자신에게 가는 길을 배울 수 있는 사람, 생명과 사물의 차이를, 행복과 흥분의 차이를, 수단과 목적의 차이를, 그리고 무엇보다 사랑과 폭력의 차이를 느낄 수 있는 사람은 삶에 대한 사랑을 향해 이미 첫걸음을 뗀 셈이다. 첫걸음을 뗀 후엔 다시금 질문을 던져야 한다. 그 질문에 맞는 의미 있는 해답을 이런저런 책에서 찾을 수도 있겠지만, 대부분의 답은 자기 안에 있을 것이다.

또 한 가지 문제를 빼놓을 수 없다. 삶을 사랑할수록 진리와 미와 삶의 온전함이 위태로워질까 봐 더 겁이 난다.

실제로도 그렇다. 특히 요즘엔 더 그렇다. 하지만 이런 고통을 피하려고 삶에 무관심해봤자 고통은 더 커질 뿐이다. 정말로 우울한 사람은 슬픔의 감정이 아무것도 느끼지 못하는 고통에서 건져주는 구원이라는 사실을 확인해줄 수 있다. 인생에서 가장 중요한 것은 행복이 아니라 살아 있는 것이다. 고통은 인생의 최악이 아니다. 최악은 무관심이다. 고통스러울 때는 그 원인을 없애려 노력할 수 있다. 하지만 아무 감정도 없을 때는 마비된다. 지금껏 인류 역사에서 고통은 변화의 산파였다. 역사상 처음으로 무관심이 운명을 바꾸는 인간의 능력을 짓밟아버릴 것인가?

2

인간은
수단이
아니라
목적이다

현대인의 도덕적 책임 및 윤리적 문제에 대해 이야기하기 전에 오해를 피하기 위해 말하고 싶은 것이 있다. 현재의 지적 분위기는 윤리학의 상대주의가 주도한다. 어떤 가치가 타당성을 얻으려면 사회의 특정 문화가 그것을 용인해야 한다는 것이 일반적 견해다. 헤드헌터의 규범은 헤드헌터 사이에서 제 목적을 이루며, 이웃 사랑의 법칙은 그 규범을 용인하는 문화에서 제 목적을 이룬다는 것이다. 사회학자들은 가치와 규범이 대부분 보편적, 객관적, 일반적 타당성을 갖지 않는다고 생각한다. 따라서 지금 내가 여기서 현대인의 윤리적 문제를 거론한다면 나도 그 입장에 동의한다는 인상을 줄 수 있을 것이다. 하지만 결코 그렇지 않다. 내 입장은 정반대다. 나는 수천 년 전 인류의 위대한 정신적 지도자가 서로 만나지 않았어도 대체로 동의했던 삶의 기본 규범과 가치가 존재한다고 확신한다. 이런 가치는 모든 인간에게 타당하며, 인간의 본성 그자체, 인간 실존의 조건에서 정당성의 근거를 찾는다. 이는 당연히 인간과 같은 존재가 있다는 가정을 전제로 삼는다. 우리 모두 확신하는 생리학적, 해부학적 의미뿐 아니라 정신적, 심리학적 의미의 인간 말이다. 그렇게 되면 우리는 인간의 본성과 본질을 정의할 수 있고 입증할 수 있는 것으로 취급하게 된다. 이 또한 오늘날의 사회학자 대부분이 외면할까 우려하는 또 하나의 가정이다.

안타깝게도 나는 이 자리에서 '인간의 본성'이 무엇인지 상세히 설명할 수 없다. 하지만 적절한 사례가 없는 주장은 무의미하기에 이와 관련된 몇 가지 관찰 결과를 소개하겠다.

인간은 자연의 변덕이다. 유일하게 자기 자신을 자각하는 생명체다. 인간은 자연에서 사는 동시에 자연을 초월하는 유일한 존재다. 인간은 자기 자신과 자신의 과거, 미래를 자각한다. 인간은 동물처럼 본능적으로만 살지 않는다. 자연에서 거의 뿌리 뽑힌 존재이며, 태어나는 순간부터 삶이 던지는 질문에 대답해야 한다는 과제를 떠안는다. 어떻게 살 것인가? 어디로 가야 하는가? 삶에 어떤 의미를 부여할 것인가? 내가 아는 한 이것은 모두 다 결국 **한 가지** 질문이며, 그 질문에 대한 대답도 소수에 불과하다. 이런 소수의 대답이 인류 역사를 거치며 다른 시대, 다른 장소에서 되풀이되었다. 인간은 그 소수의 대답을 때로는 이런 형태, 때로는 저런 형태로 개념화했으니, 똑같은 형태를 반복하며 등장한 대답은 극소수에 불과할 것이다. 사실 따지고 보면 종교와 철학의 역사는 이런 몇 안 되는 대답의 역사나 시스템이라 말할 수 있다. 하지만 어쨌든 모두는 대답해야 하고, 어떤 삶을 살 것인지는 우리가 내놓는 대답에 좌우된다.

한 가지 사례를 들어 내가 하고자 하는 말을 설명해보겠다. 인간은 주변 사람 및 자연과 관계를 맺어야 한다. 관계를 전혀 맺지 않는 사람은 미친 사람이다. 광기란 바로 그렇게 정의할 수 있다. 광기란 전혀 관계 맺지 않는 사람의 상태라고 말이다. 하지만 타인과의 관계는 매우 다양한 모습을 띨 수 있다. 전형적인 형태가 복종, 권력 행사 혹은 마케팅 지향일 것이다. 마케팅 지향의 경우 관계는 시장에서 소비재를 교환하듯 지속적인 교환으로 이루어진다. 하지만 사랑하는 방식으로도 타인과 관계를 맺을 수 있다. 이 방식은 인간의 본성을 고려할 때 유일하게 만족을 준다. 사랑이란 그 사랑에 얽힌 사람들의 온전함과 현실을 모두 보존하는 유일한 형태의 관계이기 때문이다. 타인에게 복종하거나 그에게 권력을 휘두르면서도 '사랑'할 수는 있다. 하지만 그럴 경우 사람은 (상대에게 복종하는 사람이건 상대를 지배하는 사람이건) 자신의 온전함과 독립이라는 인간의 기본 특성을 상실한다. 진정한 사랑에는 타인과의 연관성과 자신의 온전함이 보존된다.

앞의 설명을 통해 우리는 윤리적 문제가 모든 인간에게 항상 동일하게 적용된다는 사실을 알 수 있다. 진정한 윤리 문제는 특정 국가나 연령에만 해당하는 것이 아니다. 다만 각자가 살아가는 특수한 상황이 있고, 그 때문에 차이가 나기에 동일한 윤리적 문제의 다양한 측면이 생겨나는 것이다. 내가 여기서 다루고 싶은 것도 바로 그 다양한 측면이다.

오늘날 사람들은 대부분 프랑스인이 제2차 세계대전 중 저지른 실수를 반복한다. 당시 프랑스 사람들은 제1차 세계대전에서 사용했던 전략과 전술로 전쟁을 할 수 있으리라 믿었다. 지금도 사람들은 지난 세대 혹은 지난 세기의 윤리적 문제를 되돌아보고 과거의 악덕과 죄를 바라보며, 우리가 이 악덕과 죄를 뛰어넘었다며 좋아라 한다. 그러므로 그와 동시에 자신의 윤리적 문제도 대부분 해결되었다고 결론 내린다. 그러나 실제 우리는 과거와 모습만 다를 뿐 여전히 심각한 윤리적 문제를 안고 있다. 이제 그것을 설명하려 한다.

19세기의 악덕은 무엇일까? 첫째가 **권위주의**, 즉 맹목적 복종의 요구다. 아이는 물론이고 여성과 노동자도 권위자에게 맹목적으로 복종하라는 요구를 받았다. 권위자의 명령에 고민도, 질문도 하지 말라고 말이다. 불복종은 그 자체가 죄였다.

두 번째 악덕은 **착취**다. 그냥 착취가 아니라 야만적인 착취였다. 19세기 직전만 해도 상류층 신사 숙녀는 노예무역으로 돈을 벌었고 콩고의 흑인을 무자비하게 착취했으며 어린아이를 공장에서 부려 먹으면서도 수치심을 전혀 느끼지 못했다. 우리는 이런 19세기의 악덕과 윤리적 문제를 거의 잊고 살았기에 지금 와서 돌이켜 보면 그저 놀라울 따름이다.

19세기의 세 번째 악덕은 성과 인종**차별**이다. 모두 이런 불평등은 근거가 있고 신의 말씀에 어긋나지 않는다고 굳게 믿었기에, 신의 말씀과 그런 식의 인간 차별이 누가 봐도 모순된다는 사실에 아무런 관심을 두지 않았다.

19세기의 네 번째 악덕은 **탐욕**과 **축재**다. 중산층이 저축을 최고의 덕목으로 생각했기 때문이다. 아끼고 절약해

돈을 모으고 쓰지 않으면 부자가 되었다. 요즘엔 더 이상 덕목으로 생각하지 않지만 19세기에는 덕목이었다.

마지막으로 꼽은 19세기의 악덕은 **자기중심적 개인주의**다. 전형적인 사례가 "네 이웃을 네 몸과 같이 사랑하라"는 계명에 대해 프로이트가 던진 말이다.

> 왜 내 이웃을 내 몸과 같이 사랑해야 하는가? 그게 우리에게 무슨 득이 되는가? 무엇보다 어떻게 그 계명을 지킬 것인가? (…) 만일 그렇게 한다면 그건 부당한 짓이다. 내 가족은 내 사랑을 남보다 자신들을 더 아끼는 증거로 생각한다. 그러니 내가 남을 가족과 똑같이 대한다면 그건 가족에게 부당한 처사일 것이다(프로이트, 1930a, 468쪽).

프로이트는 당시 수많은 사람들이 뭐라 딱 꼬집어 말할 수는 없어도 은근히 느끼고 있던 것을 용감하게 발설했다. "**내 집은 내 성이다.** 나는 나다. 타인이여! 조심하라!"

어쩌면 19세기에는 이것 말고도 더 많은 악덕이 있었을지 모른다. 하지만 악덕의 종류를 설명하는 것은 여기서 멈추고 이제는 이 악덕이 그사이 어떻게 되었는지 살펴보자.

지금은 19세기와 같은 방식의 **권위주의**는 더 이상 존재하지 않는다. 미국과 몇몇 다른 지역에서는 19세기의 권위가 대부분 사라졌다. 오히려 거꾸로 부모가 자식을 무서워한다. 아주 단순한 이유 때문이다. 요즘엔 보통 최신이 최고라고 생각한다. 자식은 항상 부모보다 최근 사람이고 새것을 더 많이 아니까 부모가 자식한테 배워야 한다는 것이다.

　현대의 윤리적 문제로서 권위를 거론하기에 앞서 우선 권위라는 개념에 대해 몇 가지를 이론적으로 설명해야 한다. 일단 합리적 권위와 비합리적 권위를 구분할 필요가 있다. **비합리적 권위**는 감정의 복종에 바탕을 둔 압력 행사와 공포를 항상 동반한다. 이는 모든 전체주의국가에서 가장 확실히 나타나는 종류의 권위, 즉 맹목적 복종의 권위다.

　또 다른 종류의 권위, 즉 **합리적 권위**도 있다. 합리적 권위란 능력과 지식에 근거하며 비판을 허용하고, 그 본질상 감소하는 경향이 있으며, 복종과 마조히즘 같은 감정적 요인보다 직업 능력처럼 한 인간의 능력에 대한 현실적 인정에 바탕을 둔 모든 종류의 권위를 말한다. 배를 타고 가다 비상사태가 발생해 선장이 명령을 내린다면 나는 그와 토론을 벌이지 않을 것이다. 그가 능력이 있다고 가정하며 그렇게 가정할 근거가 있기에 그의 요구에 복종할 것이다. 능력 있는 의사를 찾아가는 경우에도 나는 그의 합리적 권위를 인정한다. 그가 자기 분야에 대해 많은 것을 알기에 그의 처방에 따라야 한다고 확신하기 때문이다. 이는 역동적으로 생각할 때 비합리적 권위와는 완전히 다른 종류의 권위다. 비합리적 권위는 전혀 다른 동기에서 시작되고 전혀 다른 기능과 결과를 낳는다.

또 한 가지, 공개적으로 행사하는 권위와 익명의 권위를 구분할 필요가 있다. 이 둘의 차이도 매우 중요하기 때문에 절대로 간과해서는 안 된다. **공개적** 권위란 가령 아버지가 조니에게 이렇게 말하는 것이다. "그러지 마라. 무슨 일이 일어날지 너도 알잖니." **익명의** 권위는 어머니가 조니에게 이렇게 말하는 것이다. "엄마는 네가 그러지 않을 거란 걸 알아." 조니는 목소리 톤에서 어머니가 무엇을 원하고 원치 않는지 알아차린다. 어머니가 이미 여러 차례 슬픔, 절망, 공포 등을 담아 반응한 적이 있었기에 그는 어머니가 암묵적으로 지시한 말을 따르지 않을 경우 흠씬 두들겨 맞는 것보다 더 나쁜 결과가 닥칠 것이라는 사실을 안다. 첫 번째 경우 권위는 공개적이고 솔직하다. 두 번째 경우는 익명이다. 관용과 양보의 외양을 띠고 있지만 게임의 규칙을 아는 사람이라면 누구나 상대가 무엇을 기대하는지 잘 안다. 우리는 무조건 공개적 권위를 택해야 한다. 그래야 권위의 요구에 저항할 수 있기 때문이다. 19세기에도 많은 사람이 그런 식으로 저항했다. 공개적 권위는 논의를 통해 자신의 인격을 발전시킬 기회를 제공한다. 하지만 익명의 권위는 난공불락처럼 보이고 배후에서 작용하기에 누가 무엇을 원하는지 알지 못한다. 게임 규칙이 공개적으로 드러나지 않아 짐작은 하지만 확실한 것이 없다. 19세기와 20세기는 바로 이런 두 종류의 권위에서 차이를 보인다. 그렇다면 20세기 익명의 권위는 어떤 모습일까? 그것은 시장이요 여론이며 건강한 인간 이성이다. 모두가 하는 행태이며, 남들과 같길 원하는 바람이며, 무리에서 멀어지다가는 들킬지 모른다는 두려움이다. 그러면서 모두는 자유의지로 행동한다고 착각한다. 하지만 실제로 현대인은 그 무엇보다 자기 자신에 대해 가장 많이 착각한다.

물론 **착취**를 바라보는 우리 태도는 상당히 많이 달라졌고, 그에 대해서는 자부심을 느껴야 마땅하다. 서구 민주주의 사회에서는 19세기에 존재하던 의미의 착취가 사실상 사라졌다는 사실을 부인할 사람은 없다. 우리의 국가와 서구 민주주의 사회뿐만 아니라, 불과 100년 전만 해도 야만적인 착취의 대상이던 식민지 주민과 관련해서도 착취는 끝났다. 자신의 이익을 위해 타인의 고혈을 빼는 야만적인 형태의 물질적 착취가 아직 완전히 사라진 것은 아니라 해도 급격한 감소 추세로 미루어 볼 때 다음 세대에는 완전히 사라질 듯하다. 하지만 대신 다른 일이 일어났다. 오늘날에는 모두가 자기 자신을 착취한다. 모두가 자기 바깥의 목적을 위해 자신을 이용한다. **사물의 생산**이라는 한 가지 전능한 목표만 존재할 뿐, 우리가 입으로만 신봉한다고 고백한 목표, 즉 완전한 인성 발달, 완전한 인간 탄생과 성장은 전혀 중요하지 않다.

결국 목적이 되어버린 수단, 사물의 생산만이 중요한 과정에서 우리는 우리 자신을 사물로 바꾼다. 우리는 인간처럼 행동하는 기계를 제작하고, 점점 더 기계처럼 행동하는 인간을 생산한다. 19세기에는 노예가 될지 모를 위험이 있었다면 20세기에는 로봇이나 자동인형이 될 위험이 있다. 분명 시간은 절약된다. 하지만 막상 시간을 절약해놓고는 그 시간으로 무엇을 해야 할지 몰라 당혹스러워하며, 잘해봤자 시간을 죽이려 애쓸 뿐이다. 미국에서 일주일에 3일만 일한다면 무슨 일이 벌어질까? 확신하건대 시간은 너무 많은데 뭘 해야 할지 몰라 일어나는 심리적 붕괴를 받아줄 병원은 충분치 않을 것이다. 우리는 사물을, 손수 만든 제품을 숭배하고 그 앞에 무릎 꿇는다.

학교에서, 어린이 미사 시간에, 교회에서 우상숭배 이야기를 할 때면 마귀나 가나안족의 우상을 떠올리며, 자신은 선한 기독교인, 유대인, 이슬람교도라고, 어쨌거나 오래전 우상숭배를 극복한 사람이라고 믿을 것이다. 하지만 바뀐 것은 대상뿐이다. 사물 숭배, 우리 손으로 만든 제품을 숭배하는 것은 선지자들이 말했던 우상숭배와 똑같다. 우리가 섬기는 신들은 선지자들이 말했던 우상과 똑같아서 눈이 있어도 볼 수 없고 손이 있어도 아무것도 만질 수 없다.

하지만 인간은 사물이 아니다. 스스로 사물이 된 인간은 자각하건 못하건 병들고 말 것이다. 프랑스인들은 18세기부터 이런 질병에 대해 훨씬 많은 것을 알고 있었다. 그래서인지 사실 이 질병에는 프랑스어 명칭만 존재한다. 즉 ennui(권태), malaise(지루함), la maladie du siècle(세기의 질병)로, 이미 19세기에 생겨났다. 우리는 이 질병을 권태라 부른다. 삶이 무의미한 듯한 기분, 가진 것은 많지만 웃을 일이라고는 없는 듯한 기분, 삶이 모래처럼 손가락 사이로 빠져나가는 듯한 기분, 어디로 가야 할지 모르는 기분, 혼란스럽고 어찌할 바를 모르는 기분이라 부른다. 프랑스인들은 그것에 이름을 지어주었지만 우리는 그러지 않았다. 우리가 적합한 단어를 찾아 이 질병을 신경증이라 부른 건 그리 오래되지 않았다.

　의사를 찾아가 "선생님, 인생이 무의미합니다. 사는 게 따분해서 견딜 수가 없어요"라고 말하는 사람은 많지 않다. 요즘엔 그런 말이나 생각을 권장하지 않는다. 사실 모든 문화에는 질병에 대한 자신만의 이데올로기가 있다. 새뮤얼 버틀러Samuel Butler, 1835~1902(영국 소설가―옮긴이)는 소설 《에레혼Erewhon》에서 이를 멋지게 표현했다. 에레혼에서는 감기에 걸리면 우울하다고 말한다. 우리는 우울하면 감기에 걸렸다고 말해야 한다. 무엇을 질병으로 불러야 하는지 주입당했기 때문에 사람들은 대부분 따분해서 죽겠다고, 삶이 무의미해서 죽겠다고 말하지 않는다. 대신 불면에 시달린다고, 아내와 남편과 자녀를 사랑할 수 없어 괴롭다고, 술을 마시고 싶어 미치겠다고, 직장이 불만스럽다고 말한다. 사회적으로 용인되고 허용되는 온갖 질병의 표현 형태를 들먹인다. 그럼에도 불면과 음주와 직장 불만은 malaise, 즉 세기의 질병이 지닌 여러 측면에 불과할 뿐이다. 세기의 질병, 즉 인생무상은 인간이 사물로 변한 데 그 원인이 있다.

　이제 **불평등**이라는 세 번째 악덕과 그 역사를 살펴보자. 몇 세대만 지나면 미국의 인종차별은 완전히 철폐될 것이다. 역전된 형태의 새로운 차별은 존재하지만 그것을 빼면 성차별 역시 확실히 철폐되었다. 100년 전만 해도 남편이 아내에게 일반적으로 요구하던 것들을 지금은 어떤 아내도 당연하게 받아주지 않는다. 요즘 공장의 공장장은 100년 전만 해도 당연시되던 말투와 대우로 노동자를 대하지 못한다. 이런 의미의 차별은 실제로 폐지되었고 그런 점에서라면 우리가 달성한 동등권에 자부심을 느낄 수 있다.

　하지만 평등은 이런 종류의 동등권만을 의미하는 것이 아니다. 평등의 개념은 계몽주의 철학에서 절대주의 국가에 저항하며 발전했고, 이마누엘 칸트Immanuel Kant의 말대로 모든 인간은 타인의 목적을 위한 수단이 되어서는 안 된다는 의미에서 서로 동등하다. 즉 모든 인간은 자기 목적이지 결코 수단이 아니며, 그 어떤 인간도 타인을 자기 목적을 위한 수단으로 삼을 권리가 없다는 의미다. 이것이 계몽주의 철학과 인문주의에서 말하는 평등의 뜻이다. 그런데 오늘날엔 대부분 평등을 **동일**로 이해한다. 동등하다는 말을 서로 구분되지 않는다는 의미로 쓰는 것이다. 거기서 한 걸음 더 나아가 이런 논리를 펼친다. "동등한 권리를 원한다면 타인과 같아야 해. 그렇지 않으면 동등한 권리를 갖지 못하는 거야." 그래서 많은 사람들이 **강요**하지 않는데도 **자발적으로** 타인과 같아진다. 비획일주의

자에게 여지를 많이 주는 것이 미국의 가장 큰 장점 중 하나다. 물론 비획일주의자라 해서 높은 자리를 내주는 건 아니지만 그래도 이들에게 풍부한 활동의 여지를 제공한다. 이들은 감옥에 갈 위험도, 굶어 죽을 위험도 없다. 그럼에도 오늘날 타인과 같아지려는 경향은 사회 상황으로 설명할 수 있는 수준을 훨씬 넘어선다. 인간은 자신, 자신의 확신, 감정을 더 이상 자기 고유의 것으로 경험하지 않는다. 타인과 구분되지 않을 때 자신과 일치한다고 느낀다. 타인에게 순응하지 않으면 끔찍한 고독이 닥칠지도 모르며 무리에서 추방될 위험이 있다고 느낀다.

네 번째 악덕을 우리는 **탐욕**이라 불렀다. 할아버지 세대에게는 큰 덕목이던 축재와 절약을 현시대에 강제한다면 경제는 무너지고 말 것이다. 나중에 지출할 수 있게 아껴 모으는 것이 바람직한 세상이 아니다. 얼마 전 〈뉴요커The New Yorker〉에 이런 내용의 캐리커처가 실렸다. 어떤 사람이 새 차를 살펴보면서 온갖 트집을 잡으며 마음에 들지 않는다고 투덜거린다. 그러자 친구가 이렇게 말한다. "차가 못마땅하면 못마땅하게 생각하는 게 너의 권리겠지. 하지만 그 차를 미국인 전체가 못마땅하게 여기면 우리 경제가 어떻게 되겠어?" 현대인은 실제로 돈을 지출하고 **소비하고** 구매하고 사용해야 한다. 요즘에는 소비가 100년 전의 절약과 축재만큼 큰 덕목인 것이다.

우리는 영원히 소비자다. 담배와 술, 강연과 책, 영화와 인간을 소비한다. 우리는 아이가 부모에게 요구하는 사랑을 이야기할 때조차 아이에게 필요한 신제품을 말하듯 한다. 우리는 엄청난 풍요 속에서 살아가는 수동적 소비자이며, 젖병과 사과를 기다리는 영원한 신생아다. 우리는 소비하며 고대하지만 우리가 생산적이지 않기 때문에 계속 실망한다. 우리는 사물을 생산하지만 타인과의 관계에서는 (사물과의 관계에서는) 극도로 비생산적이다.

19세기의 다섯 번째 악덕은 '내 집이 내 성이다'라는 태도였다. 몇 년 전 〈포천Fortune〉에 시카고 근처의 한 주거 단지에 관한 기사가 실렸다. 새 아파트에 사는 여성이 인터뷰에서 이렇게 대답했다. "벽이 얇아서 좋아요. 남편이 집에 없을 때도 다른 집에서 무슨 일이 일어나는지 들을 수 있어서 혼자라는 기분이 안 들거든요." 현대의 문제는 이제 '내 집은 내 성'이라는 태도가 아니라 개인 생활을 꾸려갈 수 없는 무능이다. 타인과 반드시 함께해야 한다는 강박이다. 이것을 우리는 '소속감' '팀워크' 같은 이름으로 부르지만 실상은 자신과 혼자 있을 수 없는 무능, 자신이나 이웃의 은둔을 참지 못하는 무능일 뿐이다. 그러니까 오늘날 우리는 19세기의 중산층이나 상류층이 개인주의와 자기중심주의라고 생각했던 것과 정반대되는 행동을 하고 있는 것이다.

요약해보자. 세상은 변했다. 실제로 19세기의 모든 악덕은 사라졌고 20세기의 악덕에 자리를 내주었다. 무엇이 더 나쁜가 하는 질문은 필요 없다. 우리는 그저 윤리적 문제를 인식해야 하며, 월계관에 취해 멈추지 말고 지난 전쟁의 전투를 재개해 반드시 승부를 가려야 할 것이다. 시선을 아버지의 윤리적 문제로 돌리면 우리의 현재 문제를 소홀히 해 그릇된 길로 빠질 것이다. 오늘날 우리가 해결해야 할 윤리적 문제 역시 100년 전 문제 못지않게 심각하니 말이다.

현대의 과제는 무엇일까? 첫 번째 중대한 과제는 19세기 이후 심화되어온 우리의 자세를 깨닫고 극복하는 것이다. 그 자세란 **인간을 지성과 감성으로 가르는 것**, 즉 사고와 감정의 분리다. 데카르트 이후 현대 합리주의의 대표들은 되풀이해 인간의 감정적 측면을 비합리적이라고 낙인찍었다. 그러기에 지성과 사고만이 합리적이었다. 이런 합리주의를 가장 선명히 밝힌 사람이 아마도 프로이트일 것이다. 그에게 사랑은 이웃 사랑이건 남녀의 사랑이건 항상 비합리적인 것이었다. 지성과 이성은 합리적이며, 실제로 (프로이트에 대한 많은 오해와 달리) 프로이트가 탄생시킨

전 세계적 운동의 원칙은 이성을 통한 감정의 통제와 지배였다. 그것은 계몽주의와 청교도주의의 기본 원칙이다. 프로이트는 많은 사람들의 주장처럼 그 유명한 데카당스 빈 사람이 아니라 계몽주의자이자 청교도주의자였다.

물론 이런 이분법의 원칙에도 예외는 있다. 파스칼의 명언 하나만 떠올려봐도 충분하다. "심장에는 이성이 모르는 이유가 있다"(파스칼, 1972, 277쪽). 따라서 감정은 사고만큼 합리적일 수 있고, 이성과 일치할 수 있다. 감정에도 나름의 합리성과 논리가 있다. 내가 보기에 감정이 인간 본성의 현실과 일치하기 때문이다.

스피노자 역시 이런 이분법을 벗어난 예외 인물이었다. 그는 두 가지 감정이 있다고 주장했는데, 수동적 감정과 능동적 감정이다. 스피노자가 말하는 수동적 감정은 대체로 지금 우리가 비합리적 감정이라고 부르는 것, 그러니까 질투와 증오 (특이하게도 스피노자는 연민도 비합리적 감정이라고 보았다) 같은 감정과 일치한다. 수동적 감정을 느낄 때 우리는 주인이 아니라 노예다. 하지만 수동적 감정의 반대편에는 우리의 활동 능력(우리의 악티오네스actiones)을 키워주는 능동적 감정이 있다. 이 능동적 감정을 통해 우리는 주인이 된다. 그것이 인간 본성의 모델과 일치하며, 성장하는 활력의 진전과 동행하고 기쁨을 경험할 수 있게 하기 때문이다. 스피노자는 불교 사상과도 비슷한 세 가지 능동적 감정이 있다고 보았다. 정신력, 군건한 의지, 관용이 그것이다.

파스칼과 스피노자는 예외였다. 다른 예외 인물로는 특히 19세기 낭만주의자들을 꼽을 수 있을 것이다. 그들은 지성을 강조하지 않았고 오히려 정반대로 지성적이지 않은 모든 것을 좋게 보았다(프로이트와 융의 차이도 이렇게 설명할 수 있다. 프로이트는 본질상 합리주의자여서 지성적이지 않은 모든 것을 비합리적이라고 보았다. 융은 본질상 낭만주의자였기에 지성적이지 않은 모든 것을 선하고 지혜롭다고 보았다. 특히 융의 무의식 사상에서 이런 식의 평가가 큰 역할을 담당한다).

우리는 사고를 왜 그렇게 중요시하게 되었을까? 이성과 함께 강렬한 열정을 강조하던 우리가 왜 지난 300~400년 동안 점점 더 지성으로 무게중심을 옮겼을까? 적어도 몇 가지 단서는 있다. 무게중심이 이동한 것은 우리의 생산방식, 기술에 대한 의존성 증가와 많은 관련이 있다. 과학을 위한 지성, 기술을 위한 과학을 발전시킬 수밖에 없는 필연성과 매우 관련이 깊다. 우리는 생산에 주로 관심을 가지는 사회와 지성을 최고 가치로 삼는 인간의 발전을 완전히 분리할 수 없다. 하지만 현재의 윤리적 문제를 해결하고자 한다면 감성과 지성의 분리를 극복하려는 진지한 노력이 필요하다. 우리는 인간 전체를 재발견해야 한다. 혹은 내가 좋아하는 표현을 써서, 우리는 진정한 인간을 재발견해야 한다. 나는 정신과 몸으로 분리되어 있지 않다. 나는 나고 너는 너다. 내 심장과 감정도 내 생각 못지않게 합리적일 수 있다. 내 생각 역시 심장만큼 비합리적일 수 있다. 하지만 나는 심장과 생각을 따로 떼어 별개인 양 이야기할 수 없다. 실제로 그것들은 하나이며 동일한 현상의 두 가지 측면에 불과하기 때문이다. 둘을 관통하는 하나의 논리만이, 하나의 합리성 혹은 하나의 비합리성만이 존재한다. 심신질환을 연구하건 집단 히스테리 현상을 연구하건 문제는 항상 동일하다. 생각은 감정을 통해 멍청해지거나 깨어날 수 있고, 감정 역시 생각을 통해 그렇게 될 수 있다. 더 이상 우리에게 감정이 있다는 사실만으로 혼란스러워하지 않으려면 무엇보다 먼저 이 사실을 깨달을 필요가 있다.

정신분석을 하다 보면 때로 이런 일을 목격할 수도 있다. 어떤 사람이 처음에는 자신의 행복을 확신한다. 자신은 아내와 아이들을 사랑하고 삶에 만족한다고 말이다. 하지만 조금 더 깊이 파고들어 가면 실상이 밝혀진다. 그는 자신이 돈을 잘 벌고 성공했으며 유명하기 때문에 행복해야 마땅하다고 생각한다. 하지만 행복하다는 기분은 추측에 불과하다. 더 깊이 들어가면 그에게 이런 말을 할 수 있을 것이다. "회의할 때 여러 번 얼굴을 지켜봤는데 너무 슬프고 울적하다는 인상을 받았어요. 뭐가 그렇게 슬픈 거죠?" 그럼 지난 20년간 한 번도 운 적 없다고 말했던 남자가 갑자기 어린 시절의 한 사건을, 평생 자신의 내면에 살아 있던 어떤 것을 떠올리고 엉엉 울기 시작한다. 그는 (슬픔을 막기 위해) 그 감정을 차단해왔던 것이다. 그것도 자기감정을 착각하는 방식으로 말이다. 하지만 그의 착각은 합리적 추측에 불과하다.

현대의 윤리적 문제를 극복하기 위해 우리가 떠안아야 할 두 번째 과제는 **창조적 인간이 되어** 소비와 수용의 태도를 극복하는 것이다. 여기서 말하는 창조적이란 그림을 그리고 시를 짓고 작곡을 하는 것이 아니다. 하나의 태도, 하나의 성격, 인간과 세계를 대하는 하나의 자세로서 창조성이다. 가령 책을 한 권 읽는다고 치자. 그 책을 다 읽고 나면 나는 저자가 하고자 하는 말을 다 이해한다. 그게 전부다. 물론 내가 원한다면 그 책에 대해 이야기할 수도 있을 것이다. 하지만 그 모든 것은 순수하게 소비자의 자세다. 하지만 그 책이 좋은 책이라는 전제하에 작가가 말하는 것을 그저 받아들이는 수준에서 멈추지 않고 내 안에서 무언가 깨어나고 새로운 생각이 떠오르도록 책을 읽을 수도 있다. 그러면 나는 그 책을 실제로 읽는 것이고, 책을 읽고 난 나는 달라진 인간이다. 책을 읽고서도 내가 똑같은 사람이라면 그 책이 아무짝에도 쓸모가 없거나 내가 아무짝에도 쓸모가 없는 것이다. 다시 말해 나는 그 책을 그저 소비한 것이다.

결정적인 지점을 조금 더 설명하면, 창조성은 세계를 인식하고 그 세계에 대답하는 자세다. 평생 사물을 의식적으로 경험했고 그 사물에 대답하며 살았다는 항변은 통하지 않는다. 실제로 우리는 사물을 인식하지 않거나 아주 제한적으로만 인식한다. 몇 가지 사례를 들어보자. 나는 장미를 보며 "이것은 장미다"라고 말한다. 하지만 실제로는 하나의 대상을 보고 그 대상을 장미로 분류할 수 있다는 사실을 아는 것이다. 그것은 '장미'의 범주에 포함되므로 이름이 '장미'이고, 따라서 나는 내가 장미를 본다고 말한다. 그러나 내가 보지 못하는 것은 거트루드 스타인Gertrude Stein, 1874~1946(현대 문학에 지대한 영향을 미친 미국 여성 작가로 《세 명의 삶Three Lives》《앨리스 B. 토클러스의 자서전 The Autobiography of Alice B. Toklas》이 대표작—옮긴이)이 이렇게 돌려 말했던 그것이다. "장미는 장미이고 장미다." 나는 장미를 실제로 보지 않는다. 그저 "저건 장미다"라고 말하며, 그 말을 통해 내가 말을 할 수 있고 하나의 대상을 인식할 수 있으며 그 대상을 단어로 올바르게 분류할 수 있다는 사실을 입증한다.

이런 사례도 가능하다. 산을 볼 때 가장 먼저 산 이름은 무엇인지, 두 번째는 얼마나 높은지 의문을 갖는다. 그러면 나는 곧 그 산을 잊어버린다. 산 이름과 높이를 안다는 사실이 내가 산을 본다는 것과 아무런 상관이 없음에도 산 이름과 높이를 알면 나는 그 산을 잊을 수 있다. 어쩌면 산 사진을 한 장 찍을 수도 있다. 그럼 나는 카메라를 들여다보고, 카메라는 산을 향하지만 나는 산을 전혀 보지 않는다. 집에 돌아와 아이들에게 사진을 보여줄 수는 있지만 나는 실제로 그 산을 보지 않았다.

혹은 내가 어떤 사람을 보며 이름을 묻는다. 그 사람은 이름이 자신과 무슨 상관이라도 있는 양 가르쳐준다. 내가 이름을 듣고도 여전히 만족하지 못하고 궁금해하면 그는 자기가 의사이고 결혼했으며 아이가 둘이라고 말할 것이다. 그래도 내가 여전히 만족하지 못하면 그는 내가 살짝 이상한 사람이거나 자신을 난처하게 만들 심산이라고 생각한다. 대부분 우리는 산을 보는 것과 같은 방식으로 사람들을 만난다. 사람들을 지성적이고 추상적으로 분류하지만 진실로 그들을 보지 않는다. 남편이나 아내, 자식이나 친구처럼 정말로 잘 아는 사람을 난생처음 보는 사람인 양 바라본 경험이 있을 것이다. 그 사람이 예전보다 더 실제인 듯 보이고, 갑자기 베일이 걷혀서 이제야 그를 '실제로' 보는 것 같은 경험 말이다. 대상, 자연, 인간과 관계를 맺을 때면 우리는 그들을 보고 듣는다고 착각하지만 그 관계는 애당초 추상적이고 지성적인 분류의 방식이다.

　그것과 정반대 자세를 설명하기 위해 몇 가지 사례를 더 들어보겠다. 내게 정신분석을 받던 한 화가가 하루는 완전히 흥분한 상태로 와서 말했다. "오늘 정말 기막힌 일이 있었답니다. 부엌에서 완두콩을 까다가 난생처음 완두콩이 굴러가는 것을 봤거든요." 완두콩같이 둥근 물체는 기울어지고 어느 정도 매끈한 표면에서는 구른다는 사실을 모두 알지만 우리는 그 물체를 무작정 **보지** 않는다. 완두콩이 구른다는 사실을 안다는 것과 구르는 완두콩을 **보는** 것은 전혀 다른 것이다. 우리의 지식이 완두콩을 알아냈다고 혹은 그걸 본다고 확인해주기 때문이다. 반대로 공놀이하는 꼬마를 상상해보자. 아이가 공을 던지면 공이 구르고, 아이는 공이 구르는 걸 실제로 보기 때문에 백번 공을 던질 수 있다. 이미 아는 내용을 분류만 하는 대부분의 사람들과는 다르다. 우리는 공이 세 번만 굴러도 지루해한다. 공이 구른다는 사실을 이미 알고 공이 구르는 걸 **보려** 하지 않기 때문이다. 하지만 꼬마는 공을 본다. 이런 이유로 아이는 지루해하지 않는다. 창조적인 화가의 자세에 대해서도 똑같이 말할 수 있다. 자기 나무나 꽃, 풍경을 보는 화가는 나무가 예쁘냐 아니냐에는 관심이 없다. 나무의 이름에도 관심을 두지 않는다. 그가 훨씬 더 마음에 두는 것은 나무를 남김없이 직접 경험하는 것, 그 나무의 본질을 경험하는 것이다. 한마디로 나무를 보는 것이다. 그게 전부다.

화가가 남과 다른 점은 나무의 모습을 화폭으로 옮기는 능력을 지녔다는 것이다. 화가 같은 기술적 능력은 없지만 우리 모두에게는 화가가 하듯 나무를 바라보는 능력이 있다. 혹은 꼬마처럼 굴러가는 공을 바라보는 능력이 있다. 한 사람을 인간으로 바라본다면 (여기서는 우리가 자연과 맺는 관계보다 인간과 맺는 관계가 더 중요하므로 인간의 이야기를 해야겠다) 우리는 추상적으로 분류만 하려는 자세를 버리게 될 것이다. 그러면 타인에게 "이 사람이 당신이다"(우리가 타인에 대해 할 수 있는 말은 이것뿐이다)라고 말할 수 있고 "내가 당신을 본다"라고 표현할 수 있을 것이다. 이런 방식으로 한 사람을 볼 수 있을 때 지나온 삶을 알아야 한 사람을 안다는 어리석은 생각 역시 버릴 것이다. 정신분석을 할 때 나는 내담자에게 이런 질문을 던진다. "저의 어떤 점이 좋으세요?" 내담자가 "전 선생님을 잘 모릅니다"라고 대답하면 난 이렇게 말한다. "스무 번이나 상담하고도 절 모르시면 2년 후라고 해서 절 더 많이 알게 되지는 않을 겁니다. 저에 대해 알 수 있는 모든 것이 지금 내담자분 눈앞에 있으니까요. 내담자분은 그저 절 알게 될까 봐 겁나는 겁니다." 그러면 아마 그 내담자는 사람들이 보통 그러하듯 이렇게 대답할 것이다. "전 선생님 인생을 모릅니다." 그게 대단한 것이라도 되는 양 말이다. 한 인간을 진실로 바라보면 그를 알 수도 있다.

자신을, 자신의 호불호를 타인에게 투영하지 않으려면 어느 정도의 훈련과 감수성, 매우 높은 객관성이 필요하다. 그에 더해 높은 집중력이 필요하다. 그런데 우리에겐 바로 그 집중력이 부족하다. 바쁘기 때문에, 동시에 모든 것을 하려고 들기 때문에 우리는 지구 역사상 가장 집중하지 못하는 인간들이 되었다. 라디오를 들으며 신문을 읽는 동시에 아내와 이야기를 나누면서 또 다른 일을 한다. 실제로는 그 어떤 것에도 집중할 수 없다.

현대의 다른 윤리적 문제에 대해서는 한 가지만 강조하고 싶다. 그 무엇보다 우리는 수단은 실제로도 수단으로, 목적은 실제로도 목적으로 놔두어야지 둘을 뒤죽박죽 섞지 말자고 결심해야 한다. 인간이 모든 것의 목적이라는 서구의 종교와 인문주의 전통에 진심을 다하자고 결심해야 한다. 진심을 다하지 못하겠다면 적어도 그 전통에 찬동은 해야 한다. 지금은 사물이 인간을 지배하고 있다. 다시 인간에게 윗자리를 돌려주는 것이 우리의 과제다.

3
이기심과
자기애

이기심과 이웃 사랑

현대 문화에서 이기심은 금기다. 사람들은 이기심이 죄악이고 이웃 사랑이 덕목이라고 가르친다. 하지만 이런 주장은 현대사회의 실생활과 극명하게 대립되며, 인간의 가장 강력하고 지당한 충동이 '이기심'이라 주장하는 일련의 이론과도 모순된다. 이런 이론은 이기심의 요구에 순응하는 사람이 공익을 위해 최선을 다하는 것이라 주장한다. 하지만 이런 종류의 이데올로기는 이기심이 근본 악이고 이웃 사랑이 최고의 덕목이라 주장하는 이론의 적수가 되지는 못한다. 이 이론에선 이기심을 자기애와 거의 동의어로 사용한다. 그러니 할 수 있는 것이라고는 타인을 사랑해 덕목을 실천하거나 자신을 사랑해 죄를 짓거나 둘 중 하나다.

이런 원칙의 전형이 바로 인간을 근본적으로 사악하고 무력한 존재로 보는 칼뱅 신학이다. 칼뱅 신학에서 인간은 자기 힘과 노력으로는 결코 선을 이룰 수 없다. "우리는 자신의 주인이 아니다"라고 칼뱅은 말한다(칼뱅, 1955, III, 7.1, 446쪽).

> 그러므로 이성이나 의지가 우리의 계획과 행위를 좌지우지해서는 안 된다. 우리는 자신의 주인이 아니다. 그러므로 육신에 이로운 것을 찾겠다는 목표를 세워서는 안 된다. 우리는 자신의 주인이 아니다. 그러므로 우리 자신과 우리가 가진 모든 것을 최대한 잊어버려야 할 것이다. 우리는 신의 소유물이다. 그러므로 신에 살고 신에 죽어야 할 것이다. 인간을 망가뜨릴 뿐인 최악의 역병은 인간이 자신에게 순종하는 순간 창궐한다. 따라서 유일한 구원의 항구는 우리가 아무것도 스스로 생각하지 않고 아무것도 스스로 원하지 않으며 오직 앞서가시는 주님을 따르는 것이다.

인간은 자신이 절대적으로 하찮은 존재임을 확신해야
할 것이고, 더 나아가 최선을 다해 겸허해야 한다.

> 아직 남은 것이 있다고 생각한다면 그것은 겸허가
> 아니다. (…) 칭찬할 만하다 생각하는 모든 것을 부
> 수지 않고서는 우리 자신을 올바로 볼 수 없다. (…)
> 여기서 요구하는 겸허는 자신의 궁핍과 가난을 진
> 심으로 느끼고 소스라치게 놀란 우리 심장의 정직
> 한 비천함이다(칼뱅, 1955, III, 12.6, 496쪽).

개인이 궁핍하고 하찮다고 이렇듯 확실히 못 박는 것은
인간에게는 사랑하고 존중할 만한 것이 없다는 말을 하기
위해서다. 이런 이론의 뿌리는 자기 멸시와 자기 증오다.
칼뱅은 자기애를 '역병'이라 부름으로써(칼뱅, 1955, III, 7.4,
449쪽) 매우 확실하게 그 사실을 밝힌다.

인간이 자신에게서 마음에 드는 것을 발견할 경우 그
의 죄 많은 자기애가 드러난다. 이런 사랑은 그를 유혹해
남 위에 서고 남을 멸시하게 만든다. 따라서 자신이나 자
신의 어떤 것을 사랑하는 것은 가장 큰 죄다. 칼뱅에 따르
면 그것은 타인을 향한 사랑을 배격하며 이기심과 동일하
다. 그는 신약의 기본교리인 이웃 사랑에마저 합당한 의

미를 부여하지 않는다. 그리고 신약성서와 완전히 모순되게도 이렇게 말한다. "스콜라 철학자들이 믿음과 희망보다 사랑이 **우월**하다고 가르친다면 완전히 미친 짓이다"(칼뱅, 1955, III, 2.41, 374쪽). 루터는 개인의 자유를 주장한다. 하지만 칼뱅과 다르다는 그의 신학 역시 인간은 근본적으로 무력하고 보잘것없다는 확신에 사로잡혀 있다.

칼뱅의 신학과 칸트의 철학은 큰 차이가 있지만 자기애 문제를 대하는 기본자세는 동일하다. 칸트에겐 타인의 행복을 바라는 것이 덕목이다. 자신의 행복을 바라는 것은 윤리적 입장에서 볼 때 중요하지 않다. 인간은 본성상 자신의 행복을 추구하기 때문이다. 하지만 본성에 따른 행복 추구는 긍정적인 윤리적 가치를 지닐 수 없다(칸트, 1908, 83~85쪽 참조). 물론 칸트는 행복을 추구하는 것을 굳이 그만둘 필요는 없다고 본다. 심지어 특정 상황에서는 행복 추구가 의무가 될 수도 있다. 첫째, 건강과 재산 같은 것이 의무를 다하기 위해 꼭 필요한 수단일 수 있기 때문이다. 둘째, 행복하지 않으면, 다시 말해 가난하면 의무를 다하지 못할 수도 있기 때문이다. 하지만 자신을 향한 사랑, 자기 행복의 추구는 결코 덕목이 될 수 없다. 윤리적 원칙으로는 자기 행복을 추구하는 것이 "가장 비난받아 마땅하다. 그것이 그릇되었기 때문이기도 하지만(…)

또한 인류를 무너뜨리고 인류의 모든 숭고함을 짓밟는 동기를 인류에게 제공하기 때문이다"(칸트, 1933, 69쪽).

칸트는 이기심solipsismus을 "그 무엇보다 자기 자신에게 호감을 품는 자기애philautia"의 행복과 "자신에 대한 만족arrogantia"의 행복으로 구분한다. "전자는 무엇보다 자기 사랑을 뜻하며 후자는 자만을 뜻한다"(칸트, 1908, 73쪽). 그러나 "합리적 자기애"(칸트, 1908, 73쪽)마저 도덕법의 제재를 받아야 하며, 자신을 향한 호감은 근절되어야 한다. 신법神法과 견주면 개인은 굴욕감을 느낄 수밖에 없다. 인간은 최고의 행복을 의무를 다하는 데서 찾아야 한다. 윤리적 원칙의 실현은 (그리고 그 결과인 개인의 행복 실현 역시) 민족이건 국가건 보편적 전체에서만 가능하다. 세 가지 국가권력의 통합에 "국가의 안녕이 달려 있다Salus rei publicae suprema lex est. 그러나 그것을 국민의 안녕과 행복으로 이해해서는 안 된다"(칸트, 1907a, 318쪽).

칸트는 칼뱅이나 루터보다 개인의 고결함을 훨씬 더 존중했지만, 최악의 독재에도 개인에게 저항할 권리를 주지는 않았다. "일말의 저항도 대반역이며, 이런 반역자는 조국을 죽이려는 자이니 사형에 맞먹는 벌을 내릴 수 있다"(칸트, 1907a, 320쪽), "인간은 본성이 악하다"(칸트, 1907, 32쪽). 인간이 야수가 되지 않고 인간 사회가 무정부주의로 끝나지 않으려면 이 악을 억눌러야 한다. 그 방법은 도덕법, 즉 정언명령을 따르는 것이다.

인간의 하찮음을 강조한 칼뱅과 칸트의 이론을 주로 살펴보았다. 이미 내비쳤듯 그들은 개인의 자율성과 존엄성도 강조한다. 이것이 그들의 저서 전체를 관통하는 모순이다. 가령 클로드 아드리앵 엘베시우스Claude Adrien Helvétius, 1715~1771(프랑스의 계몽주의 철학자─옮긴이) 같은 계몽주의의 다른 대표 주자들은 개인의 행복권을 칸트보다 훨씬 더 강조한다. 현대 철학에서는 막스 슈티르너Max Stirner, 1806~1856(독일 철학자,《유일자와 그 소유Der Einzige und sein Eigentum》가 대표작─옮긴이)와 니체가 이 행복권을 가장 극렬히 옹호한다. 하지만 이들 역시 이기심을 평가할 때는 칸트나 칼뱅과 대립하지만 이웃 사랑과 자기애를 양자택일해야 할 것으로 보아야 한다는 점에서는 그들과 생각이 같다. 또 한편으로 그들은 이웃 사랑을 나약함과 자기포기의 표현으로 보며 이기주의, 이기심, 자기애를 덕목이라 선언한다. 하지만 이기심과 자기애를 명확히 구분하지 않는다는 점에서 그들의 문제 제기는 모호하다. 슈티르너는 이렇게 말한다.

여기서는 사랑의 원칙이 아니라 이기주의, 사욕이

결정적이어야 한다. 자비, 자선, 선량함은 물론이고 정의와 공정 같은 사랑의 동기마저 결정적이어서 는 안 된다(정의iustitia 역시 사랑의 현상이며 사랑의 산물이 기 때문이다). 사랑은 제물만 알고 '희생'을 요구한다 (슈티르너, 1893, 300쪽).

슈티르너가 말한 사랑은 자기 자아 바깥에 있는 특정 한 것을 어떤 사람 혹은 어떤 것으로부터 얻어내기 위해 개인이 스스로를 수단으로 삼는 마조히즘적 예속이다. 이 런 사랑 개념을 거부하면서 슈티르너는 과장된 공격적 표 현을 선택한다. 그는 긍정적 원칙을 말하며 기독교 신학 이 수백 년 전부터 취해온 자세, 그리고 당시 독일 이상주 의에서도 지배적이던 그 자세에 저항한다. 그 자세란 개인 은 자기 바깥의 권력이나 원칙에 복종하고 그곳에서 중심 을 찾아야 한다는 생각이다. 그가 한 긍정적 표현 중 하나 를 골라보면 이렇다. "우리는 삶을 어떻게 활용하는가? 태 워 쓰는 초처럼 삶을 소비해 활용한다. 인간은 삶과 자신 을 소모해 삶을 활용하고, 그럼으로써 살아 있는 자신을 활용한다. 삶의 향유는 삶의 소비다"(슈티르너, 1893, 375쪽). 프리드리히 엥겔스Friedrich Engels, 1820~1895는 슈티르너 의 표현에 담긴 일면성을 알아본다. 엥겔스는 자신을 향한 사랑과 남을 향한 사랑 중 하나를 고르는 잘못된 양자택일의 방식을 극복하고자 노력한다. 카를 마르크스**Karl Marx, 1818~1883**에게 보낸 편지에서 그는 슈티르너의 책을 언급하며 이렇게 말한다.

> 살아 있는 개인이 우리 '인간'의 진정한 토대, 진정한 출발점이라면 당연히 이기주의 역시 (물론 슈티르너의 지성 이기주의만이 아니라 마음의 이기주의도) 우리 인간애의 출발점이겠지요(…)(마르크스, 1844년 11월 19일의 편지, MEAGA III, 1. 7쪽).

슈티르너가 칸트나 헤겔급 철학자는 아니다. 하지만 그는 실재하는 개별 존재가 없다고 주장하며 그 개별 존재를 억압하고 천대하는 전체주의국가를 지지한 당시의 이상주의에 단호히 맞선 용기 있는 철학자다.

니체와 슈티르너의 입장은 차이가 많지만 이 지점에서는 상당히 비슷하다. 니체 역시 사랑과 이타주의를 나약함과 자기부정으로 여긴다. 니체는 사랑의 욕망이란 갖고 싶은 것을 쟁취할 능력이 없어서 '사랑'으로 얻으려 하는 노예근성의 전형이라 본다. 그러기에 이타주의와 인간애는 퇴화 현상이다(니체, 1911, Nr. 246, 326, 369, 373, 728쪽 참조).

니체가 생각하는 건강하고 훌륭한 귀족주의는 죄책감을 느끼지 않고 수많은 사람을 자기 이익을 위해 희생시킨다는 특징이 있다. 사회는 한 명의 엘리트를 더 높은 의무자로, 더 높은 존재로 성장시킬 수 있는 토대이자 뼈대가 되어야 한다. 이러한 인간 경멸과 이기주의는 니체의 저서 곳곳에서 발견된다.

이러한 견해를 원래의 니체 철학으로 보는 경우가 많다. 하지만 그것이 그의 철학의 진짜 핵심은 아니다. 여기서 하나하나 근거를 들 수는 없지만 니체가 암시적인 표현을 사용한 이유를 설명해주는 일련의 근거가 있다. 첫째, 니체의 철학은 슈티르너의 철학이 그러하듯 반동이자 저항이다. 개별 존재에게 자기 바깥의 권력과 원칙에 복종해야 한다고 가르치는 철학 전통에 항거한 저항이다. 과장을 즐기는 니체의 성향은 그의 철학이 지닌 이런 반동적 특징을 가리킨다. 둘째, 니체의 인성에서는 매우 큰 불안과 소심함이 드러나며, 이는 그에게 그런 표현을 쓰도록 부추긴 사디즘적 충동이 있고, 왜 그런 충동을 느끼게 되었는지 설명한다. 그럼에도 내가 보기엔 니체의 이런 성향이 인성의 '본질'은 아닌 것 같고, 그 인성에 맞는 견해 역시 그의 철학의 핵심은 아니다. 마지막으로 니체는 유물론–생물학적 철학으로 표현되던 당시 자연주의

사상에 동참한다. 심리적 현상의 뿌리를 생리적인 것에서
찾는 관점이나 '적자생존' 이론이 자연주의 사상의 전형
적 특징이다.

　물론 이렇게 해석한다고 해도 니체가 타인에 대한 사랑
과 자신에 대한 사랑의 대립을 확신했다는 사실이 달라지
는 것은 아니다. 하지만 나는 니체 이론의 핵심에 이런 대
립을 해소할 만한 발전 가능성이 담겨 있다는 점을 강조
해야 한다고 본다. 니체가 반대하는 '사랑'은 강인함이 아
니라 나약함에 뿌리내린다.

> 그대들의 이웃 사랑은 그대들 자신을 향하는 그릇
> 된 사랑이다. 그대들은 자신을 피해 이웃에게로 도
> 망치며, 그렇게 해서 덕목을 만들고자 한다. 하지만
> 나는 그대들의 '이타심'의 정체를 꿰뚫어 본다.

　니체는 이렇게 단언한다. "그대들은 자신을 견디지 못하
고, 자신을 충분히 사랑하지 않는다"(니체, 1910, 88쪽). 그는
개인에게 '엄청나게 큰 의미'를 부여한다(니체, 1911, 216쪽).
그리고 '고귀한 인간'을 다음과 같이 설명한다.

> 유형: 진정한 호의, 고귀함, 풍요에서 나온 영혼의 위

대함. 이것은 받으려고 주지 않는다. 선하여 자신을 높이려 하지 않는다. 진정한 호의의 유형으로서 낭비, 그 전제는 넉넉한 인품(니체, 1911, Nr. 935, 326쪽).

《차라투스트라는 이렇게 말했다》에서도 니체는 같은 생각을 밝힌다. "어떤 사람은 자신을 찾으러 이웃에게 가고, 어떤 사람은 자신을 잃고 싶어 이웃에게 간다."

이런 입장에서 중요한 것은 사랑을 잉여의 증거로 본다는 점이다. 사랑의 조건은 베풀 수 있는 개인의 힘이다. 사랑은 "사랑받는 대상을 만들어내고자 하기에" 긍정이자 생산성이다. 다른 사람을 향한 사랑은 이런 내면의 힘에서 솟아날 때만 덕목이다. 인간이 그 자신일 수 없다면 그 사랑은 악덕이다(니체, 1906, 142~143쪽; 1911a, 16쪽 참조). 자기애와 이웃 사랑의 관계는 풀지 못할 이율배반으로 남는다. 해석을 근거로 어느 방향에서 답을 찾을지 추측할 수 있다고 해도 이율배반이기는 마찬가지다. 이에 대해서는 막스 호르크하이머의 주요 논문 〈이기주의와 자유 운동〉(호르크하이머, 1936)을 참고하라.

이기심이 근본악이며, 자신을 향한 사랑이 타인에 대한 사랑을 배제한다는 교리는 신학과 철학에만 국한되지 않았다. 가정, 학교, 영화, 책 등 사회적 영향력을 미칠 수 있다면 어디서나 수시로 전파되던 이념 중 하나다. '이기적으로 행동하지 마라'는 세대를 이어 수백만 아이들이 귀에 못이 박히도록 들었던 말이다. 하지만 정작 그 의미는 모호하다. 부모라면 대부분 의도적으로 그 말을 이기적으로 행동하면 안 된다, 배려를 하지 않으면 안 된다, 타인에게 관심을 갖지 않으면 안 된다는 의미와 묶어 사용한다. 하지만 실제로는 그 이상의 의미로 사용한다. '이기적으로 행동하지 마라'는 다음 내용을 포함한다. 네가 바라는 것을 하지 말고 부모의 권위를 위해, 더 자라서는 사회의 권위를 위해 너의 의지를 꺾어라! 결국 '이기적으로 행동하지 마라'는 칼뱅주의에서 목격한 바로 그 이중적 의미를 담고 있다. 누가 봐도 확실한 의미를 제외하면 그 문장의 뜻은 이것이다. '너를 사랑하지 마라' '너 자신이 되지 마라' '너 자신보다 중요한 것에, 너의 바깥에 있는 권력이나 그 권력의 내면화인 **의무**에 복종하라.' '이기적으로 행동하지 마라'라는 문장은 인격의 자발성과 자유로운 발전을 억제하기 위한 가장 강력한 이념적 도구 중 하나가 된다. 이런 교훈의 압박에 짓눌려 인간은 온갖 희생과 완벽한 복종을 요구받는다. 자기 자아를 위한 것이 아니라 누군가에게 혹은 자기 바깥의 무엇인가에게 유익한 행동만이 '이타적'으로 간주되는 것이다.

지금껏 설명한 내용은 어떤 의미에선 일면적이다. 현대사회는 이기적으로 행동하지 말라는 원칙과 나란히 그것과 정반대되는 원칙을 선전하기 때문이다. 너의 이익을 따져 너에게 가장 이익이 되도록 행동하라. 그럼 남들에게도 이익이다! 개인의 이기주의를 실천하는 것이 공익 발전의 기초라는 생각은 경쟁 사회를 떠받치는 원칙이다. 겉보기에 이같이 모순되는 두 가지 원칙이 한 문화권에서 나란히 유지될 수 있다는 사실은 놀랍기 그지없다. 하지만 의심의 여지가 없다. 이런 모순의 결과는 개인의 혼란이다. 개인은 두 가지 원칙을 오가며 갈피를 잡지 못하고, 인성 통합 과정에서 심각한 장애가 생겨 신경증적 성격이 형성되는 경우도 적지 않다(이에 관해서는 특히 호나이, 1937; 린드, 1939 참조).

모순되지만 동시에 존재하는 이런 두 가지 원칙에는 중요한 사회적 기능이 있다. 모두가 자기 이익을 위해 노력해야 한다는 주장은 현대 경제구조의 기틀이 되는 자기 주도성의 필수 자극제였다. '이기적으로 행동하지 마라'라는 원칙의 사회적 기능은 이중적이었다. 생존의 한계에서 삶을 이어가야 하는 대중에게는 그 원칙이 기존 사회경제 시스템에선 절대 달성할 수 없는 욕망을 포기하도록 도와주었다. 여기서 중요한 사실은 그렇게 포기하면서도 절대 외부 권력의 강요 탓에 어쩔 수 없다는 기분이 들지 않는다는 점이다. 강요 탓에 포기했다는 기분이 들었다면 사회를 향한 다소 의식적인 원망과 반항심이 어쩔 수 없이 생겼을 것이다. 포기를 덕목으로 만들었기에 그런 반항을 대체로 막을 수 있었던 것이다.

이기심의 금기가 갖는 사회적 기능의 이런 측면은 누가 봐도 명확하지만 또 다른 기능, 즉 소수 특권층에게 미치는 영향력은 훨씬 더 복잡하다. 이는 '이기심'의 보다 폭넓은 의미를 계산에 넣을 때만 드러날 것이다. '이기심'이 자신의 경제적 이익을 노린다는 뜻이라면 이기적으로 행동하지 말라는 금기는 분명 사업가들의 경제적 활동성을 가로막는 커다란 장애물이었을 것이다. 그러나 특히 영국과 미국 현대 문화의 초기 단계에서는 앞에서도 말했듯 그 금기의 실제 의미가 갈망하는 것을 하지 말라는 뜻이었다. 기쁠 일을 만들지 마라. 자기만족에 돈과 에너지를 쓰지 말고, 일하고 성공하고 수익을 많이 올리는 것을 의무라고 생각하라는 뜻이었다.

《프로테스탄티즘의 윤리와 자본주의 정신》(베버, 1920)에서 이러한 '세계 내적 금욕die innerweltliche Askese'의 원칙을 제시한 것은 막스 베버Max Weber, 1864~1920의 지대한 업적이다. 그것은 모든 에너지를 일과 의무 수행에 쏟아붓는 자세를 키우기 위한 중요한 전제 조건이다. 모든 에너지를 경제성과 혹독한 노동에 쏟는 이런 식의 금욕이 없다면 현대사회가 이룬 인상 깊은 경제적 성과도 없었을 것이다. 16세기부터 형성된 현대인의 성격 구조를 분석하는 것은 이 글의 범위를 넘어서는 일일 것이다(프롬, 1941a, GA I, 278~296쪽 참조). 다만 이 점만은 언급하고 넘어가고 싶다. 15~16세기의 경제 및 사회 변화는 중세의 사회 구성원들이 느끼던 안정감과 소속감을 부수어버렸다(해리 스택 설리번Harry Stack Sullivan은 이 문제에 별 관심이 없었던 정통 정신분석 저서 저자들과 달리 안정의 욕망이 인간이 느끼는 기본 동기 중 하나임을 특히 강조한다).

변화는 시민, 농민, 귀족의 사회경제적 지위를 근본적으로 뒤흔들었다(파스칼, 1933; 크라우스, 1930; 토니, 1926). 사람들은 빈곤해지고 물려받은 경제적 지위도 위태로워졌지만 동시에 경제적 성공을 일굴 새로운 가능성도 존재했다. 예전에는 개인을 지켜주던 신성하고 안전한 세상, 종교적이고 영적인 연결이 끊어졌다. 개인은 혈혈단신이고, 낙원은 되돌아올 수 없는 길로 사라졌다. 성공과 실패는 시장의 법칙에 달렸다. 타인과의 관계는 근본적으로 달라졌다. 무자비한 경쟁 관계가 되어버린 것이다.

이 모든 변화의 결과는 새로운 해방감이지만, 그 대가

는 더 큰 불안이었다. 이런 불안은 다시금 종교나 세속의 권위에 이전보다 더 복종하겠다는 새로운 마음가짐을 불어넣었다. 그리하여 한편에선 새로운 개인주의가 등장했고 다른 한편에선 불안과 복종이 나타났다. 이 둘의 이데올로기적 표현이 프로테스탄티즘과 칼뱅주의다. 물론 이 두 종교의 교리는 그와 동시에 새로운 태도를 촉진하고 강화하는 데 크게 이바지했다. 하지만 바깥의 권위에 복종한 것보다 더 중요한 사실은 사람들이 이 권위를 내면화했다는 점이다. 인간은 자기 바깥이 아니라 자기 안의 주인에게 복종하는 노예가 되어버렸다. 내면의 주인은 혹독하게 일하라고, 성공을 위해 매진하라고 채근했지만, 자기 자신이 되도록, 스스로 만족하도록 허락하지는 않았다. 그 결과 불신과 적대의 정신이 탄생해, 바깥세상은 물론 자기 자신까지 겨냥했다.

현대의 인간 유형은 두 가지 의미에서 이기적이었다. 남에게 관심이 적었고, 자기 이득을 채우려 안달복달했다. 하지만 이런 이기심의 주인공이 정말로 지성과 감성의 가능성을 모조리 갖춘 개체로서의 개인일까? 알고 보면 '그'는 그가 맡은 사회경제적 역할의 장식물에 불과한 것은 아닐까? 중요할 때도 있겠지만 결국 경제라는 기계를 움직이는 하나의 톱니바퀴에 불과한 것은 아닐까? 주관적으로는 자신의 명령을 좇는다고 느끼겠지만 사실 그는 기계의 노예가 되어버린 것은 아닐까? 그의 이기심은 정말로 자기애와 동일할까? 아니면 오히려 자기애가 부족해서 생긴 것은 아닐까?

이 질문의 대답은 현대사회에서 이기심을 어떻게 이해했는지 잠시 살펴보면 저절로 나올 것이다. '이기적으로 행동하지 마라'라는 금기는 권위적인 시스템에서 더욱 거세졌다. 국가사회주의를 떠받친 주춧돌 중 하나가 '공익이 사익보다 우선이다'라는 원칙이다. 이 원칙은 국가사회주의가 원래 사용하던 선전 기술에 맞게 언어의 형태를 취했고, 그 목적은 노동자들이 나치 프로그램의 '사회주의적' 측면을 더 쉽게 믿게 만들려는 것이다. 하지만 '공익이 사익보다 우선이다'라는 원칙의 의미를 나치 철학의 전체 맥락에서 따져본다면 이런 의미를 담고 있다. 개인은 자신을 위해 아무것도 바라지 않아야 한다. 개성의 말살에서 만족을 찾아야 하고, 인종, 국가 혹은 국가의 상징인 지도자 같은 더 큰 전체에 작은 석재로서 참여해야 한다. 프로테스탄티즘과 칼뱅주의는 개인의 하찮음 못지않게 자유와 책임을 강조하지만 나치의 경우는 하찮음에만 관심을 보인다. '타고난' 지도자들만이 예외지만 그들마저 스스로를 위계질서에서 더 높은 자의 도구로 바라보아

야 한다. 가장 높은 지도자는 자신을 운명의 도구로 느껴
야 한다.

자기관계와 대상관계의 일치

자신을 향한 사랑이 '이기심'과 같고 이웃 사랑의 대안이
라는 생각은 신학이나 철학은 물론 일상생활에까지 침투
했다. 그러니 그 같은 주장을 심리학에서도 발견할 수 없
다면 오히려 그것이 더 놀랄 일이다. 물론 심리학에서는
그것을 두고 객관적 사실 확인이라 주장했지만 말이다.
프로이트의 나르시시즘 이론이 적합한 사례일 것이다.

프로이트의 이론에서는 한마디로 리비도의 양이 정해
져 있다. 어린아이의 경우 원래 전체 리비도의 대상은 아
이 자신이다. 프로이트는 이를 '1차 나르시시즘'이라 불
렀다. 아이가 성장하면서 리비도는 자신에게서 빠져나와
다른 대상을 향한다. 그런데 그 대상관계에 장애가 생기
면 아이의 리비도는 다시 대상을 외면하고 자신에게 향한
다. 이런 경우를 프로이트는 '2차 나르시시즘'이라 부른
다. 프로이트에게 자기 사랑과 대상 사랑은 거의 기계적
인 양자택일이다. 사랑을 바깥세상으로 돌릴수록 나에게

줄 사랑은 적어지고, 반대로 바깥세상으로 향하는 사랑을 거두면 나에게 줄 사랑이 많아진다. 이런 방식으로 그는 '연모' 현상을 자기애의 약화로 설명한다. 전체 리비도가 자기 바깥에 있는 대상을 향하기 때문이다.

프로이트의 나르시시즘 이론은 사실상 프로테스탄티즘과 이상주의 철학, 현대 문화를 살아가는 일상 행동에서 결정적인 바로 그 생각을 표현하고 있다. 그렇다고 해서 이 이론이 옳으냐 그르냐는 아직 말할 수 없다. 하지만 일반적인 원칙을 경험심리학 범주로 옮겨보면 이 원칙을 점검할 수 있는 바람직한 출발 조건을 마련할 것이다.

다음 같은 질문이 떠오를 것이다. 심리학의 관찰 결과는 '자신을 향한 사랑'과 '타인을 향한 사랑'이 근본적으로 대립하며 서로를 배제한다는 이론을 입증하는가? 자기애는 이기심과 같은가? 차이가 있는가? 아니면 실제로 둘은 대립하는가?

문제의 경험적 측면을 살펴보기 전에 철학의 망루에 서서 이웃 사랑과 자기애가 서로를 배제한다는 주장은 근거가 없음을 지적해야겠다. 이웃을 인간 존재로 사랑하는 것이 덕목이라면 왜 자신도 사랑하면 안 되는가? 이웃 사랑을 천명하지만 자기애는 금기시하는 원칙은 나를 다른 모든 인간 존재에게서 떼어낸다. 하지만 인간 존재가 할 수 있는 가장 심오한 경험은 인간 존재로 자기 자신을 경험하는 것이다. 나 자신을 포함하지 않는 인간 연대란 없다. 나를 배제하는 원칙은 그 자체가 모순임을 입증한다. 성경에도 있듯 '네 이웃을 너 자신처럼 사랑하라'라는 생각은 자신의 온전함과 유일함에 대한 존중, 자기애와 자신의 이해는 타인에 대한 존중 및 사랑, 타인의 이해와 떼려야 뗄 수 없다는 것과 다른 의미가 아니다. 자기애의 발견은 이웃 사랑의 발견과 떼려야 뗄 수 없는 관계인 것이다.

이렇게 우리는 이러한 주장의 결론이 발 딛고 선 심리학적 전제 조건에 도달했다. 아주 일반적으로 볼 때 전제 조건은 다음과 같다. 타인뿐 아니라 우리 자신도 우리 감정과 태도의 '대상'이다. 우리를 대하는 자세와 남을 대하는 자세는 결코 반대되는 것이 아니라 일치한다(특히 호나이[1939]가 이런 관점을 지적했다). 이것을 우리 질문에 적용해보면 그 의미는 이렇다. 타인을 향한 사랑과 우리 자신을 향한 사랑은 타인을 향한 증오와 자신을 향한 증오와 마찬가지로 양자택일이 아니다. 정반대로, 자신을 사랑하는 자세는 조금이나마 타인을 사랑할 능력이 있는 사람에게서만 발견할 수 있다. 겉으로만 보면 정반대 같지만, 자신을 향한 증오 역시 타인을 향한 증오와 떨어질 수 없다. 달리 말해 사랑도 증오도 마찬가지여서 자신에게 향하는 감정과 타인에게 향하는 감정은 원칙적으로 분리할 수 없다.

증오와 자기 증오

사랑과 증오가 분리될 수 없다는 주장을 설명하자면 증오
와 사랑의 문제를 언급하지 않을 수 없다. 증오는 **반응적
증오와 성격으로 인한** 증오로 나눌 수 있다.

반응적 증오란 나의 삶, 안전, 이상 혹은 내가 사랑하고 동
일시하는 타인이 공격당할 때 나타나는 증오 반응이다. 반
동적 증오가 나타나려면 항상 삶에 대해, 타인과 이상에
대해 긍정적인 자세를 품어야 한다. 삶을 강력히 긍정하는
사람은 자신의 삶이 위험에 처할 경우 그에 맞게 강력하
게 반응할 것이다. 사랑하는 사람이 위험에 처해도 위협하
는 이를 향해 똑같은 증오의 반응을 보일 것이다. 어떤 것
을 향한 열정적 노력은 무엇이건 그 노력의 대상이 공격
당할 때 증오를 불러온다. 이런 종류의 증오 반응은 사랑
의 반대다. 특별한 상황으로 깨어나며, 공격하는 자를 몰
아내는 것이 목표이기에 공격하는 자를 무찌르고 나면 멈
춘다. 프리드리히 니체는 《이 사람을 보라》(1911a, Nr. 2)에
서 파괴성의 창의적 기능을 특별히 강조한 바 있다.

성격으로 인한 증오는 반응적 증오와 본질적으로 다르다. 물론 성격 구조에 뿌리내린 증오 역시 어린 시절에 겪은 특정 경험에 대한 반응으로 생겨난다. 하지만 증오가 성격이 되어버린 사람은 지금 적개심에 불탄다. 그의 근본적인 적개심은 뚜렷한 증오 표현의 근거가 없을 때도 관찰할 수 있다. 그의 표정, 몸짓, 말투, 농담 투, 의도치 않은 사소한 행동에는 무언가가 담겨 있다. 가만히 보고 있으면 근본적인 적개심의 인상이 더 커지고, 미워하겠다는 꾸준한 **마음가짐**이라 부를 수 있을 만한 그 무언가가 담겨 있다. 이런 마음가짐은 특별한 자극으로 인해 흥분하자마자 적극적 증오를 쏟아내는 샘물이다. 이런 증오 반응은 철저히 이성적일 수 있다. 상황은 앞에서 반응적 증오의 조건이라 부른 것과 동일하다. 하지만 근본적인 차이가 있다. 반응적 증오는 증오를 **일으키는** 것이 상황이다. 성격으로 인한 증오는 반대로 활성화되지 않은 적개심이 상황으로 **활성화**되는 것이다. 기본적으로 존재하던 증오가 활성화되면 마치 숨어 있던 적개심을 표출할 합당한 기회를 찾아 기쁘기라도 한 듯 당사자에게서는 안도감 같은 것이 엿보인다. 그런 사람은 증오심을 느낄 때 특별한 만족과 즐거움을 보인다. 이것이 반응적 증오에는 없는 점이다.

외부 상황과 증오 반응이 맞아떨어지면 설사 성격으로 인한 증오의 활성화라 하더라도 '정상' 반응이라 부른다. 이 '정상' 반응과 신경증 및 정신 질환 환자들에게서 목격되는 '비이성적' 반응은 그 둘 사이에 수많은 형태가 존재하므로 명확하게 경계를 지을 수 없다. 비이성적 증오 반응의 경우 감정이 현 상황과 맞지 않은 듯 보인다. 정신분석가들이 늘상 목격하는 한 가지 반응으로 이를 설명할 수 있을 것이다. 정신분석가가 늦는 바람에 내담자가 10분을 기다린다. 그러면 내담자는 분석가가 자신을 무시한다고 생각해 화를 내며 거칠게 상담실로 들어온다. 정신 질환 환자의 반응은 더 극단적일 수 있어서 상황과 반응의 불일치가 더 심하다. 상식적으로 보면 전혀 상처받을 일이 아닌 상황 때문에 정신 질환적인 분노 폭발에 이르는 것이다. 하지만 당사자의 감정에서 보면 분석가의 행동은 실제로 상처받을 만한 일이다. 따라서 비이성적 반응은 바깥의 객관적 현상의 관점에서 보았을 때만 비이성적일 뿐, 당사자의 주관적 전제에서 보았을 때는 비이성적이지 않다.

숨어 있는 적개심은 목적이 될 수도 있다. 그렇게 되면 적개심은 사회적 암시, 즉 선전을 발판 삼아 가시적인 증오가 된다. 인간에게 특정 대상에 대한 증오를 주입하려는 선전이 효과를 발휘하려면, 선전의 목표로 삼은 사람들의 인성 구조에 담긴 성격적 적개심을 이용해야 한다. 나치주의의 핵심을 형성하던 소시민계급이 나치에게 느낀 매력이 이에 해당하는 적절한 사례다. 잠재적 적개심은 나치의 선전이 그것을 활성화하기 오래전부터 이 사회계층 구성원의 특성이었다. 따라서 소시민계급은 나치 선전이 특히 잘 자랄 수 있는 비옥한 토양이었다.

정신분석은 성격 구조에 존재하는 증오 발생 조건을 관찰할 기회를 풍성하게 제공한다. 성격으로 인한 증오를 불러일으키는 결정적 요인은 종류가 다양하며, 그 때문에 아이의 자발성과 자유가 억압되고, 몸과 마음으로 한껏 즐기고 싶은 아이의 충동과 '자아'의 성장이 방해받거나 파괴된다.

지난 몇 해 동안 많은 심리학자들이 아동의 의식적·무의식적 적개심의 원인을 밝히고자 노력했다. 몇몇은 아주 어린아이에게도 강한 적개심이 존재한다는 확신을 가졌다. 특히 효과가 좋았던 방법은 아이들이 적개심을 아주 뚜렷하게 표현하는 놀이 상황을 조성하는 것이다. L. 벤더 Bender와 P. 쉴더Schilder의 연구 결과를 보면 어린아이들은 적개심을 더 직접적으로 표현하지만 조금 더 나이 든 아이들은 증오 반응을 훨씬 더 억제한다(벤더·쉴더, 1936).

그런데 그 아이들도 놀이 상황에서는 증오 반응을 확실히 드러낸다(레비, 1937 참조). L. 머피Murphey와 G. 러너Lerner 는 유치원 놀이집단에서 매우 관습적으로 적응한 것으로 보이는 정상적인 아이들이 놀이 상황이나 혼자 있을 때 혹은 어른과 같이 있을 때는 심한 공격성을 보인다는 사실을 목격한다. J. 루이스 데스퍼트Louise Despert도 비슷한 결과를 발표한다(데스퍼트, 1940). 또 A. 하르토흐Hartoch 와 E. 샤흐텔Schachtel은 로르샤흐 검사(열 가지 잉크 얼룩 그림을 환자에게 보여 환자의 태도, 감정 및 성격을 드러내게 하는 투사 심리검사—옮긴이)를 실시해 2~4세 아동에게서 가시적 행동에서는 드러나지 않던 매우 격렬한 공격성을 확인한다.

아동(의 성장력)을 가로막고 파괴하는 방법은 대놓고 기를 죽이는 적개심과 테러부터 '익명의 권위'라는 교묘하고 '다정한' 형태에 이르기까지 실로 다양하다. 익명의 권위는 딱 잘라 못하게 하지 않고 이렇게 말한다. "나도 알아, 너도 그러고 싶지." "다 알아, 너도 그거 싫지." 단순히 본능적인 충동이 좌절되었다고 해서 적개심이 깊이 똬리를 틀지는 않는다. 그 정도는 기껏해야 반응적 증오가 될 뿐이다. 반대로 프로이트는 아버지나 어머니를 향한 성적 욕망이 좌절될 경우 증오가 되며 그것이 다시 불안과 굴종으로 이어진다는 가설을 세우고 그 가설로 자신의 오이

디푸스 콤플렉스 이론을 뒷받침한다. 물론 좌절이 적개심으로 발전하는 감정적 증상으로 나타날 때도 많다는 말은 옳다. 가령 무시당한다는 기분이 들 때, 성장의 충동이 가로막힐 때, 자유를 박탈당할 때 아이는 그러할 것이다. 하지만 진짜 이유는 특정한 실패가 아니라 자유와 자발성을 억압하려는 세력에 저항하려는 아이의 투쟁이다. 이러한 투쟁을 짓누르는 방식은 수없이 많다. 그리고 그 좌절을 포장하는 방법도 수없이 많다. 아이는 외부의 권위를 내면화하고 '얌전한' 사람이 되겠다고 마음먹을 것이다. 혹은 대놓고 반항하면서도 여전히 의존적일 수 있다. 또 기존 문화 모범에 순응해 개인의 자아를 잃어버림으로써 완전히 '소속되었다'고 느낄 수 있다. 그 결과 좀 덜하고 더하다는 차이가 있을 뿐, 항상 마음이 공허하고 자신이 하찮은 인간이라는 기분이 들며, 불안하고, 그런 기분 탓에 만성적 증오와 **원한**이 생겨난다. 니체는 이 원한을 정확하게 '삶에 대한 질투Lebensneid'라 불렀다.

하지만 증오와 삶에 대한 질투는 미미한 차이가 있다. 증오는 따지고 보면 항상 자기 자아의 바깥에 있는 대상의 파괴를 목표로 삼는다. 파괴함으로써 (객관적으로는 그렇지 않고 주관적으로 봤을 때만 그렇지만) 내가 더 강해진다. 삶에 대한 질투 역시 타인의 파괴를 바라는 미워하는 마음이지

만, 주관적으로 강해지려는 것이 목적이 아니라 내가 (내
적 이유건 외적 이유건) 즐길 수 없는 것을 타인도 즐길 수 없
게 만들어 만족하려는 것이다. 삶에 대한 질투는 존재 자
체가 내 결핍을 건드리는 사람이 더 이상 존재해서는 안
된다는 취지에서 행복할 줄 모르는 나의 무능함으로 생긴
고통을 제거하는 것을 목표로 한다.

　사디즘은 증오와 다르다는 점을 언급하고 넘어가야겠
다. 내가 이해한 바에 의하면 사디즘은 자신에게 굴복하
는 자는 파괴하려 하지 않는다. 그보다 절대 권력을 손에
쥐고 굴복하는 자를 완전히 자기 목적의 수단으로 삼으려
한다. 사디즘이 증오와 섞일 수 있다. 그럴 경우 보통 '사
디즘' 하면 떠올리는 잔인성을 띠게 된다. 하지만 사디즘
은 호감과도 섞일 수 있다. 그러면 사디스트는 대상을 자
신을 위한 수단으로 이용하려 하는 동시에 온갖 측면에서
대상을 지원한다. 물론 딱 한 가지 측면에서만은 그럴 수
없다. 자유만은 절대 허락하지 않기 때문이다.

　집단의 만성적 증오도 원칙적으로는 개인의 만성적 증
오와 같은 조건에서 생겨난다. 이 경우 차이는 (평소 개인
심리학과 사회심리학의 차이가 그러하듯) 다음과 같은 점뿐이다.
개인심리학이 집단의 다른 구성원과 차이 나는 성격을 만
든 개별적이고 우연한 조건에 관심이 많듯 사회심리학은

모두 다 가졌기에 집단 구성원 다수에게 전형적으로 나타나는 성격 구조에 관심을 갖는다. 그러니까 너무 엄한 아버지나 갑작스러운 여동생의 죽음처럼 우연한 개인의 조건에는 관심이 없는 것이다. 따라서 삶의 방식 전체에서 떨어져 나온 이런저런 개별적 부분 역시 중요하게 생각하지 않는다. 특정 집단의 사회경제 상황에 따른 기본적 인생 경험의 전체 구조가 중요하다(내가 개발한 분석 사회심리학 방법에 대해서는 프롬, 1932a 참조).

아이는 학교에서 직접 사회의 '정신'을 배우기 훨씬 전부터 그 정신에 물든다. 부모는 자신의 성격 구조를 이용해 사회와 사회계층의 지배적인 정신을 몸소 보여주며, 태어난 순간부터 이런 '분위기'를 아이에게 전달한다. 따라서 가족은 사회의 '심리적 중개인'이다.

이제 증오의 다양한 유형이 우리 문제와 어떤 관련이 있는지 설명하겠다. 반응적 증오의 경우 증오의 대상이기도 한 자극이 증오의 **원인**이다. 반대로 성격으로 인한 증오는 그 원인이 근본적인 **태도**, 즉 증오하려는 **마음가짐**이다. 이것은 대상과 별개로 존재하며, 자극을 통해 만성적 적개심이 가시적 증오로 발전되기 전부터 존재한다.

앞에서도 언급했듯 이러한 근본적 증오는 원래 어린 시절에 특정 사람 때문에 생겨났다. 하지만 나이가 들면서 그것이 인성 구조의 일부가 되어버렸기에, 증오의 대상은 부차적 역할만 할 뿐이다. 성격으로 인한 증오에서 자기 바깥의 대상을 향한 증오가 자신을 향한 증오와 본질적으로 다르지 않은 이유도 바로 이 때문이다. 언제나 증오하려는 마음가짐이 거기 있다. 외부의 대상은 사정에 따라 바뀌며, 자신도 증오의 대상이 될지 여부는 특정 요인에 달렸다. 왜 어떨 때는 특정 인간을 증오하다가 또 어떨 때는 자신을 증오하는지 알고 싶다면 다른 사람이나 나를 가시적 증오의 대상으로 만드는 상황의 특수성을 알아야 한다. 우리의 문맥에서는 성격으로 인한 증오가 개인에게서 시작되며 탐조등처럼 어떨 때는 이 대상을, 또 어떨 때는 저 대상을 (물론 자기 자아도) 목표로 삼는다는 기본적인 사실이 특히 흥미롭다.

우리 문화의 가장 큰 문제 중 하나가 바로 이 증오하려는 마음이 크다는 것이다. 칼뱅주의와 프로테스탄티즘이 인간을 본질적으로 사악하며 경멸스러운 존재로 보았다는 점은 이미 언급했다. 폭동을 일으킨 농부를 향한 루터의 증오는 극심했다. 막스 베버는 청교도 문헌을 관통하는 타인을 향한 불신과 적개심을 강조한 바 있다. 문헌에는 이웃의 도움과 친절을 믿지 말라는 경고가 가득하다. 리처드 백스터Richard Baxter는 아무리 친한 친구도 믿지 말라고 충고한다. 토머스 애덤스Thomas Adams는 이렇게 말한다(베버, 1920, 96쪽, 주 3에서 재인용).

> 그(박식한 인간)는 남의 일에는 눈감지만 자기 일에는 밝다. 자신과 상관있는 것만 신경 쓸 뿐 어디서도 괜히 쓸데없이 참견해 손해 보지 않는다. 세상이 잘못되었다는 사실을 깨닫고 항상 자신만 믿으며, 남의 말은 일이 잘못되어도 손해를 보지 않을 수 있을 때만 믿는다.

토머스 홉스Thomas Hobbes는 인간은 맹수의 본성을 타고나며 적개심에 불타기에 약탈과 살인을 하게 되어 있다고 믿었다. 평화와 질서는 모두가 동의해 국가의 권위에 굴복할 때만 가능하다. 이마누엘 칸트의 인간관도 홉스와 그리 다르지 않다. 칸트 역시 인간은 마음 저 깊은 곳에 악의 성향을 타고난다고 확신한다. 많은 심리학자가 만성적 증오가 인간의 본성에 깃들어 있다고 생각한다. 윌리엄 제임스William James는 만성적 증오가 너무 심하다고 보아 우리 모두는 날 때부터 타인과의 신체 접촉을 싫어한다고 주장한다(제임스, 1896, 특히 2권, 348쪽). 프로이트는 죽음 충동 이론을 통해 우리 모두가 타인이나 자신을 파괴하려는 거역할 수 없는 힘에 쫓긴다고 가정했다.

몇몇 계몽주의 철학자가 인간의 본성은 선하며 적개심은 생활환경의 산물이라 확신하지만 루터부터 지금에 이르기까지 유명한 현대 철학자들의 사상에서는 인간의 적개심은 타고나는 것이라는 입장이 유지된다. 분명 이런 주장을 하는 철학자와 심리학자도 자기 문화권에서는 나름 훌륭한 사람 전문가다. 하지만 현대인이 본성상 역사의 산물이 아니라 자연이 창조한 그대로라는 그들의 생각은 잘못되었다.

이렇듯 유명 철학자들은 현대인의 적개심이 명확하고 강력하다는 사실을 깨닫지만 대중적 이데올로기와 보통 사람들의 생각은 적개심 현상을 무시하는 쪽으로 기운다. 자신이 근본적으로 타인을 좋아하지 않는다는 사실을 깨달은 사람은 그리 많지 않다. 그저 타인에게 관심이 별로 없다, 감정이 별로 없다고 생각할 뿐이다. 대다수는 자신과 타인을 향한 만성적 증오를 전혀 깨닫지 못하고, 남들이 자신에게 기대하는 것 같은 감정을 '입양'한다. 그래서 남들이 공격적으로 행동하지 않을 때는 남들을 좋아하고 친절하다고 느낀다. 이런 무비판적 '좋아함'은 완벽히 피상적이며, 근본적인 애정 결핍을 보상한다.

사회 분야에서 활동하는 사람들은 이러한 타인에 대한

무의식적 불신과 기피를 자주 목격한다. 하지만 그에 비하면 자신을 기피하는 현상은 그리 뚜렷하지 않다. 이러한 **자기 증오**는 대놓고 자신을 미워하고 거부하는 경우를 따졌을 때만 상대적으로 희귀한 사례로 인정받는다. 하지만 대부분 다양한 방식으로 은폐된다. 자기 거부를 간접적으로 표현하는 가장 흔한 방법이 우리 문화권에 너무나 널리 퍼진 열등감이다. 사람들은 자신을 좋아하지 않는다는 사실을 의식하지 못한다. 그저 자신이 남들보다 열등하며, 멍청하고 매력이 없고, 기타 열등감의 특정한 영역이라 느낀다(산업은 '체취'로 불안을 조장함으로써 이런 무의식적 자기 거부를 이용해 돈을 번다. 현대인은 무의식적으로 자신을 싫어하기 때문에 이런 종류의 광고에 금방 잡아먹히고 마는 먹잇감이다).

열등감의 역학은 분명 더 복잡하다. 앞서 말한 것 말고도 다른 원인이 더 있다. 하지만 자신에 대한 거부감 혹은 자신에 대한 애정 결핍은 항상 있어왔고, 이는 심리 역학적으로 볼 때 열등감의 중요한 원인 중 하나다.

더 교묘한 형태의 자기 거부는 언제라도 자기 회의감에 빠질 수 있는 마음이다. 그런 사람은 열등감을 느끼지 않는다. 하지만 잘못을 저지르는 순간 곧바로 그래서는 안 되는 이유를 자신에게서 발견한다. 그들의 자기비판은 잘못이나 부족함의 경중과는 아무 상관이 없다. 자신이 세운 이상적 관념 탓에 그들은 완벽해야 한다. 주변의 박수와 애정을 받고 싶다면 사람들의 기대에 부응할 만큼 틀림이 없어야 한다. 틀림없이 잘했거나 남들이 확실히 박수갈채를 보낼 것 같으면 기분이 좋다. 하지만 그렇지 않을 때는 평소 잊고 있던 열등감에 압도당한다. 여기서도 자기애의 결핍이 이런 태도의 원인임이 드러난다.

자신을 대하는 태도와 남을 대하는 태도를 비교해보면 맥락이 더 분명해진다. 가령 어떤 남자가 아내를 사랑한다고 믿지만 아내가 잘못할 때면 자신과 어울리는 사람이 아니라는 기분이 든다. 혹은 아내를 향한 그의 감정은 전적으로 남들이 그녀를 칭찬하느냐 비난하느냐에 달려 있다. 그렇다면 그가 근본적으로는 아내를 별로 사랑하지 않는다는 사실에 의심의 여지가 없다. 실제로는 아내를 미워해 기회가 있을 때마다 비난하고 아내의 잘못을 넘어가지 못하는 것이다.

하지만 뭐니 뭐니 해도 자기애 결핍은 자신을 대하는 방식에서 가장 자주 나타난다. 많은 사람이 자신을 노예로 부린다. 자기 바깥의 주인을 섬기는 대신 주인을 자기 안으로 들여놓았다. 이 주인은 엄하고 잔인하다. 잠깐의 휴식도 허락하지 않는다. 즐거움과 만족도 금지한다. 주인은 우리가 하고 싶은 것을 해도 좋다고 허락하지 않는다. 그래도 하려면 몰래 해야 하고 양심의 가책으로 대가를 치러야 한다. 그 결과 놀이도 노동과 똑같이 강제성을 띠게 된다. 계속되는 조급증이 삶을 좌우하고, 그 조급증은 놀 때도 멈추지 않는다. 물론 대부분은 이런 쫓김을 전혀 인식하지 못한다. 하지만 예외도 있다. 은행가 제임스 스틸먼James Stillman이 대표적인데, 그는 한창때 부와 명예와 권력을 다 손아귀에 넣었지만 극소수만이 할 수 있는 말을 했다. "나는 평생 하고 싶었던 일을 못했다. 그리고 앞으로도 영영 하고 싶은 일을 못할 것이다"(로베손[브라운], 1927 참조).

프로이트는 '양심'이 외부 권위의 내면화이자 깊은 곳에 자리한 자기 적개심의 표현이라는 사실을 확실히 깨닫고 그것을 초자아 개념에 담아보려 애썼다. 그는 초자아가 인간의 일부인 파괴성의 대부분을 포함한다고 확신했다. 파괴성은 책임감과 도덕적 의무의 형태를 띠고 인간을 공격한다. 나는 프로이트의 초자아 이론에는 동의하지 않지만(프롬, 1936a, GA I, 139~187쪽 참조), 프로이트가 근대 사람들이 이해한 대로 '양심'에 담긴 적대감과 잔혹함을 잘 감지했다는 데는 이견이 없다.

사랑은 열정적 긍정

적개심과 증오에 해당되는 사항은 사랑에도 해당된다. 하지만 이웃 사랑과 자기애의 문제는 훨씬 더 어려운데, 이유는 두 가지다. 첫째, 증오는 우리 사회에 만연한 현상이다. 따라서 경험 연구가 쉽다. 사랑은 비교적 드문 현상이어서 경험 연구가 힘들다. 따라서 사랑의 현상에 대한 모든 언급은 비경험적이고 순수 사변적이 될 위험이 있다.

어쩌면 이것보다 더 큰 어려움이 있을지도 모르겠다. 우리 언어 중 '사랑'만큼 악용되고 치욕적으로 사용되는 단어는 찾아보기 힘들다. 자기 목적에 유익하다면 그 어떤 잔인함도 눈감아줄 마음이 있는 사람들이 사랑을 찬양한다. 사랑이라는 말로 포장해 자기 행복을 희생하라고 강요하고, 그 희생으로 덕을 볼 사람에게 자아를 완전히 줘버리라고 강요한다. 또 부당한 요구를 관철하기 위해 사랑이라는 말로 도덕적 압력을 행사한다. '사랑'이라는 말이 어찌나 공허한지, 말다툼조차 기껏 일주일에 한 번 할까 말까 하는 두 사람도 20년 동안 함께 살았다는 이유로 사랑이라 부를 정도다.

　'사랑'이라는 말을 사용하는 것은 위험하고 약간 난감하다. 하지만 심리학자라면 난감해도 주저하지 않을 것이다. 사랑의 설교는 아무리 잘해봤자 고약한 취향을 입증하는 것밖에 안 되겠지만, 냉정하고 비판적으로 사랑 현상을 연구하고 사이비 사랑의 형태를 밝혀내는 것은 빠져나갈 도리가 없는 심리학자의 의무다. 물론 사랑 연구와 사이비 사랑의 폭로는 별개가 아니지만 말이다.

당연히 이 글은 사랑을 연구하려는 시도가 아니다. 흔히 '사랑'이라는 개념으로 일컫는 심리학적 현상을 설명하는 것만으로도 책 반 권은 쓰고도 남을 테니 말이다. 그럼에도 지금껏 설명한 핵심 내용을 따라가면서 설명해보겠다.

흔히 서로 결합된 두 가지 현상을 사랑이라 부른다. '마조히즘적 사랑'과 '사디즘적 사랑'이 바로 그것이다. '**마조히즘적 사랑**'은 자신보다 강하다고 느낀 다른 사람과 온전히 하나가 되기 위해 자신의 자아, 자발성, 온전함을 포기한다. 깊은 불안이 혼자서는 설 수 없다는 기분을 불러오기에 자신의 자아를 버리고 타인의 일부가 되어 그에게서 안정감을 느끼고, 갈망하던 중심을 찾겠다는 욕망이 생겨난다. 이런 자아의 포기는 자주 '위대한 사랑'의 사례로 칭송받는다. 그러나 실제로는 우상숭배의 한 형태이며 자아의 말살이기도 하다. 이렇듯 자아의 포기를 사랑이라 부르다 보니 마조히즘적 사랑의 매력과 위험성은 더 커졌다.

반대편에 자리한 '**사디즘적 사랑**'은 사랑의 대상을 집어삼켜 의지라고는 없는 도구로 만들어 제 손아귀에 넣으려는 욕망에서 생겨난다. 이러한 충동은 깊은 곳에 자리한 불안과 자기 발로 일어설 수 없는 무능함에 뿌리를 두고 있다. 하지만 상대에게 집어삼켜져 더 강해지려 하지 않고 타인에게 무한 권력을 휘둘러 강해지고 안전해지려 한다.

마조히즘적 사랑과 사디즘적 사랑은 근본적으로 독립적일 수 없는 무능함 탓에 생긴 강한 욕망의 표현이다. 이런 깊은 욕구는 생물학 개념을 빌려 와 '공생의 욕망'이라 할 수 있을 것이다. 사디즘적 사랑은 자식을 향한 부모의 사랑과 같은 형태를 취할 때가 많다. 누가 봐도 지배가 권위적이건 보다 교묘하게 '현대적'이건 본질적으로는 차이가 없다. 둘 다 아이의 강한 자아를 손상하려 노력하며, 그 결과 훗날 아이의 마음에서는 똑같은 공생의 성향이 자라난다. 사디즘적 사랑은 성인에게서도 자주 볼 수 있다. 그렇게 되면 오래 지속되는 관계에서 맞춤 역할이 생겨난다. 한쪽은 공생 관계의 사디즘 역을, 다른 한쪽은 마조히즘 역을 맡는다. 계속 역할을 바꾸는 경우도 적지 않다. 누가 주도권을 갖고, 누가 복종하느냐를 두고 계속 다툰다. 이런 종류의 관계 역시 사랑으로 해석된다.

지금껏 설명한 내용을 종합해보면 자유와 독립이 없는 사랑은 존재하지 않는다. 공생 사이비 사랑과 달리 사랑의 가장 중요한 조건은 자유와 평등이다. 사랑의 조건은 혼자서도 제정신을 유지하며 외로움을 견딜 수 있는 자아의 강인함과 독립성, 온전함을 갖추는 것이다. 이 조건은 사랑하는 사람은 물론이고 사랑받는 사람에게도 해당된다. 사랑은 자발적 행동으로, 여기서 자발성은 말 그대로 자신의 자유로운 결정에 따라 행동하는 능력을 말한다. 자아가 불안하고 나약하면 자기 안에 뿌리를 내릴 수 없고 사랑할 수 없다.

이 사실은 사랑이 누구를 향하는지 따져봐야만 이해할 수 있다. 사랑은 증오의 반대다. 증오는 파괴하고픈 열정적 욕망이다. 사랑은 자기 '대상'의 열정적 긍정이다('대상'이라는 개념에 의도적으로 따옴표를 붙인 것은 사랑의 관계에서는 '대상'이 대상이기를 멈추기 때문이다. 대상은 주체의 상대가 아니며 주체와 분리된 것도 아니다). 그러므로 사랑은 '격정'이 아니라 자기 '대상'의 행복과 발전, 자유를 위해 매진하는 능동적 노력이다. 자신의 자아가 불구가 되면 이런 열정적 긍정이 불가능하다. 진정한 긍정은 항상 강인함에 뿌리를 두고 있기 때문이다. 자아가 손상되면 사랑은 양가적인 방식으로만 가능하다. 다시 말해 자아의 강한 부분으로는 상대를 사랑하지만 손상된 부분으로는 그를 미워할 수밖에 없는 것이다. 이는 해리 스택 설리번이 강연에서 사용한 표현이다. 그에 따르면 사춘기 이전 시기(전 청소년기pre-adolescent)에는 인간관계에서 새로운 만족 유형을 자극하는 충동이 나타난다. 즉 타인('친구')을 갖고 싶은 욕망이 나타나는 것이다. 설리번이 생각하는 사랑의 특징은 사랑받는 사람의 만족이 사랑하는 사람의 만족만큼 중요하고 바람직하다는 것이다.

'열정적 긍정'이라는 개념은 오해를 부르기 쉽다. 이는 순수한 이성적 판단에 따른 합리적 긍정이 아니다. 그보다는 지성과 감정은 물론이고 관능에 이르기까지 인성 전체가 참여해 저 깊은 곳까지 가 닿는 긍정이다. 때로 한 사람의 눈과 귀와 코는 뇌 못지않게 뛰어난, 아니 뇌보다 더 우수한 긍정의 기관이다. 긍정이 저 깊은 곳에서 비롯되며 열정적이라면, '대상' 자체의 측면이 아니라 본질을 향한다. 구약에서 천지창조의 나날을 마무리 짓는 "하나님이 보시기에 좋았더라!"라는 말보다 인간을 향한 신의 사랑을 더 강렬히 표현한 구절은 없을 것이다.

또 다른 오해 역시 반드시 피해야 한다. 지금까지 설명한 내용에 따르면 모든 긍정은 사랑과 같은 뜻이라는 결론을 내릴 수 있을 것이다. 그것도 사랑받는 대상의 가치와 무관하게 말이다. 하지만 그렇게 되면 사랑이란 주관적인 긍정의 감정에 불과하며 객관적 차이의 문제는 아무런 역할도 하지 못한다는 뜻이 되어버린다. 그럼 악을 사랑할 수도 있느냐는 문제가 제기된다. 이 문제는 심리학과 철학이 맞닥뜨린 최고의 난제 중 하나이므로 여기서 언급할 수는 없다. 그럼에도 나는 여기서 사용한 긍정이 전적으로 주관적인 것은 아니라는 말을 되풀이하고 싶다. 사랑은 삶과 성장, 기쁨과 자유의 긍정과 같은 뜻이므로 당연히 악, 그러니까 부정, 죽음, 강제는 사랑할 수 없다. 분명 주관적 감정은 신나는 흥분의 감정일 수 있고, 흔히 이것을 의식적으로 '사랑'으로 이해한다. 당사자는 그것이 사랑이라 믿으려 할 것이다. 하지만 그의 심리를 구체적으로 들여다보면 그 주관적 경험은 내가 사랑이라 부르는 것과 아무 상관이 없는 것으로 밝혀진다.

심리학의 다른 문제와 관련해 같은 질문이 제기된다. 가령 행복이 전적으로 주관적인 현상인가 아니면 객관적 요인도 있는가 하는 질문이다. 의존하고 자신을 포기할 때 '행복하다'고 느끼는 사람은 그렇게 느끼기 때문에 행복한 것일까? 아니면 행복이란 항상 자유와 온전함 같은 특정 가치에 좌우될까? 당사자들이 '행복한' 것은 억압을 정당화하기 위해서라는 논리는 늘 있어왔다. 하지만 그건 비루한 변명이다. 행복은 특정 가치와 뗄 수 없으며 주관적 만족감에 불과한 것이 아니다. 무엇보다 마조히즘 사례에서 잘 알 수 있는 사실이다. 누군가는 굴복하고 괴롭힘당하면서, 심지어 죽음당하면서 만족을 느낄 수 있겠지만 굴종과 고문과 죽음에는 행복이 포함되지 않는다.

이런 식의 고민은 심리학이 아닌 철학과 종교의 영역인 것 같다. 하지만 내가 보기엔 그렇지 않다. 근본적인 인성 구조에 따라 감정의 질을 구분할 줄 아는 섬세한 심리학적 관찰을 통해서라면 **만족**과 **행복**을 구분할 수 있을 것이다. 하지만 가치의 문제를 외면하지 않고 인간 삶의 의미와 목표의 문제에 놀라 뒷걸음치지 않는 심리학만이 깨닫게 될 것이다.

사랑은 성격으로 인한 증오와 마찬가지로 항상 그 자리에 있는 기본자세에 뿌리내린다. 사랑은 사랑하겠다는 꾸준한 마음가짐이다. 따라서 사랑을 '근본적 호감'이라 부를 수도 있을 것이다. 특정 대상은 사랑을 불러일으킬 수 있겠지만 사랑의 원인은 아니다. 사랑할 수 있는 능력과 사랑하겠다는 마음가짐은 미워하겠다는 마음가짐과 마찬가지로 성격이다(그런데 이런 다른 마음가짐이 인성 유형의 차이를 만든다고 가정한다면 매우 잘못되었다. 두 가지 마음가짐을 동시에 보여주는 사람들이 적지 않다).

'근본적 호감'이 자랄 수 있는 전제 조건을 열거하기란 쉬운 일이 아니다. 주로 두 가지 전제 조건이 있는 것 같다. 긍정적이거나 부정적인 조건이다. 긍정적인 전제 조건은 간단명료해서, 어릴 때 경험한 다른 사람의 사랑이다. 보통은 부모가 자식을 사랑하는 것이 당연하다고 생각하지만 실제로는 그렇지 않다. 따라서 이런 긍정적 조건이 부족한 경우가 많다. 부정적 전제 조건은 앞에서 만성적 증오의 발생에 책임이 있다고 언급한 모든 요인의 결핍이다. 어린 시절의 경험을 관찰해본다면 당연히 이런 요인의 결핍이 흔하다는 말에 고개를 갸웃하게 될 것이다.

현재의 사랑이 근본적인 호감에 뿌리를 두고 있다고 가정하면 사랑의 **대상**과 관련해 중요한 결론을 내릴 수 있다. 그 결론은 원칙적으로 만성적 증오의 대상과 관련해 언급한 내용과 동일하다. 즉 사랑의 대상은 배타적 성질을 띠지 않는다. 분명 특정한 사람이 가시적 사랑의 대상이 되는 것은 우연이 아니다. 그 특별한 선택의 조건을 여기서 언급하기에는 내용이 너무 많고 복잡할 것이다. 하지만 중요한 사실은 특정한 대상을 향하는 사랑은 무의식적 사랑이 특정한 사람을 목표로 활성화되고 집중화된 것에 불과하다는 점이다. 온 세상에 사랑할 수 있는 사람은 딱 한 사람뿐이기에 그를 만나는 것이 인생의 큰 기회라고 믿는 **낭만적 사랑**관은 옳지 않다. 그 한 사람을 사랑하게 되면 다른 사람에게서 사랑의 감정을 거두게 될 것이라는 생각도 옳지 않다. 바로 이런 사실을 통해 한 사람하고만 나눌 수 있는 사랑은 사랑이 아니라 공생적 집착임이 밝혀진다. 사랑에 포함된 근본적 긍정이 사랑받는 사람에게 향하는 것은 그가 본질적인 인간 특성의 화신이기 때문이다.

한 사람을 향한 사랑은 인간 자체를 향한 사랑을 뜻한다. 근본적으로 사랑할 줄 모르는 무능함의 특징은 윌리엄 제임스가 말한 일종의 '노동 분업'이다. 자기 가족은 사랑하지만 '남'에게는 전혀 호감이 없는 '노동 분업' 말이다. 인류애는 흔히 생각하듯 특정한 사람을 향한 사랑이 낳은 추상적 개념이 아니다. 물론 기원을 따져보면 특정 개인을 사랑함으로써 얻을 수 있지만 인류애는 개인을 향한 사랑의 조건이다. 따라서 원칙적으로 나 자신은 다른 사람과 마찬가지로 내 사랑의 대상이어야 한다. 나의 삶, 행복, 성장과 자유를 긍정하려면 그런 긍정을 하겠다는 기본적인 마음가짐과 그럴 능력이 필요하다. 그러한 마음가짐이 있다면 자기 자신에 대해서도 그 마음가짐을 가질 것이다. 다른 이만 사랑할 수 있다면 그 사람은 사랑할 수 없는 사람이다. 한마디로 사랑은 증오와 마찬가지로 대상을 나눌 수 없다.

사랑과 증오가 꾸준한 마음가짐의 활성화라는 원칙은 다른 심리 현상에도 적용된다. 가령 관능은 자극에 대한 반응만이 아니다. 관능적인 인간(혹은 에로틱하다고 말할 수도 있을 것이다)은 근본적으로 에로틱한 자세로 현실을 대한다. 그가 항상 성적 흥분 상태에 있다는 말이 아니라 그에게는 특정 대상을 통해 활성화되는 에로틱한 **분위기**가 있다는 말이다. 물론 그 분위기는 **자극**이 있기 전부터 무의식적으로 존재한다. 다시 말해 성적으로 흥분할 수 있는 생리학적 능력이 아니라 에로틱한 마음가짐의 분위기가 관건이다. 현 상태에서 성적으로 흥분하지 않았어도 확대경으로 들여다보면 보이는 에로틱한 마음가짐의 분위기 말이다.

하지만 이런 에로틱한 마음가짐이 부족한 사람들이 있다. 그들은 본질적으로 성적 충동을 건드리는 자극이 있어야만 성적으로 흥분한다. 흥분하는 능력은 사람에 따라 천차만별이지만 이런 종류의 성적 흥분은 모두 지성과 감성을 갖춘 전체 인성과는 무관하다는 특징이 있다.

여기서 말한 원칙의 또 다른 사례는 미적 감각이다. 항상 아름다운 것을 볼 마음가짐이 된 사람들이 있다. 그런 사람들이 계속 아름다운 그림, 사람, 장면을 본다는 뜻이 아니다. 하지만 그들이 그런 것을 보게 되면 늘 존재하던 마음가짐이 활성화된다. 그들의 미적 감각은 그들이 보고 있는 대상 때문에 **발생하는** 것이 아니다. 여기서도 보다 자세히 관찰해보면 미적 감각이 있는 사람들은 실제로 현실을 다른 방식으로 인식한다는 사실이 드러난다. 그들이 보고 있는 것이 이 순간 아름다운 것의 인식을 불러내지 않더라도 그 다른 방식은 존재한다.

지금까지 설명한 원칙은 이렇다. 많은 심리학 학파가 인간의 행동 반응을 자극 반응 모델stimulus–response model에 따라 이해하려 노력하지만, 언제나 존재하며 외부 자극을 통해 (유발되는 것은 아니고) 활성화되는 수많은 **마음가짐**의 구조가 성격이라는 것이 내 입장이다. 이런 입장은 역동적 심리학은 물론이고 정신분석에서도 중요하다. 반사 이론Reflex Theory이 여기서 말하는 입장과 비슷한 듯하지만 겉으로만 그렇다. 반사 이론은 미리 정해진 마음가짐이 있고 그것이 뉴런을 특정 자극에 적절한 방식으로 반응하게 만든다고 주장한다. 하지만 이런 물리적 조건은 중요하지 않다. 그보다 더 중요한 것은 우리가 마음가짐을 비록 무의식적일망정 실제로 존재하며 분위기나 기본 정서를 만드는 비활성적 태도로 이해한다는 사실이다.

프로이트는 이 모든 마음가짐이 생물학적 충동에 뿌리를 둔다고 믿는다. 우리는 이에 반대한다. 즉 몇 가지 마음가짐은 그렇지만, 다른 많은 마음가짐은 개인의 개별적이고 사회적인 경험에 대한 반응으로 생긴다고 본다.

자기애와 이기심

마지막 문제는 아직 설명이 필요하다. 자신을 향한 사랑과 타인을 향한 사랑이 일치한다고 전제한다면 타인에 대한 진정한 관심의 정반대 종류인 '이기심'은 어떻게 설명할까? 이기적인 사람은 자신에게만 관심이 있고 전부 자기가 가지려고 한다. 무엇이든 선뜻 내주지 못하고 항상 초조하게 받을 궁리만 한다. 늘 자신의 목적을 위해 뭘 뜯어낼까 하는 관점으로 주변을 바라본다. 타인의 욕망에는 일절 관심이 없고 그들의 존엄성과 온전함을 존중할 줄 모른다. 그는 전혀 사랑할 줄 모르는 사람이다.

이기심은 솔직하게 드러낼 수도 있지만 온갖 이타적인 몸짓 뒤로 다양하게 감출 수도 있다. 하지만 설사 감춘다 해도 역동적 관찰 방식으로 보면 그건 항상 이기심이다. 그런데 이런 인성 유형의 경우 자신에 대한 엄청난 관심과 타인에 대한 존중 부족 사이에 모순이 존재하는 것 같다. 그렇다면 이것이 실제로 양자택일이 존재한다는 증거가 아닐까? 누구나 자신에게 관심이 있거나 타인에게 관심이 있는 것일까? 자기애와 이기심이 동일하다면 분명 그럴 것이다. 하지만 우리가 살펴볼 문제와 관련해 많은 그릇된 결론을 불러온 오류가 바로 이것이다. 자기애와 이기심은 동일하다기에는 거리가 너무 멀다. 사실 둘은 반대말이다.

이기심Selbstsucht은 '중독Sucht'이라는 단어가 암시하듯(독일어 '이기심Selbstsucht'은 그대로 옮기면 자기 중독이라는 뜻. 즉 이기심 안에 '중독Sucht'이 들어 있음—옮긴이) 일종의 탐욕이다. 모든 형태의 중독이 그러하듯 이기심은 채워지지 않는다. 채워지지 않는 것은 끝없는 불만의 결과다. 탐욕은 밑 빠진 독이다. 인간은 욕망을 충족시키려 무한히 노력하다 지쳐 쓰러지지만 결코 만족에 이르지 못한다. 더 가까이 다가가 살펴보면 결정적 특징이 보인다. 이기적인 사람은 항상 조급해하고 자신에게 몰두하지만 절대 만족하지 못하며, 충분히 받지 못할 거라고, 뭔가를 놓칠 거라고, 물건을 빼앗길 거라고 하루 종일 걱정하고 늘 불안에 떤다. 누군가 자기보다 더 많이 가질 수 있다며 격한 질투에 사로잡힌다.

조금 더 자세히 살펴보면서 무의식적 역학까지 고려한다면 이기적인 사람은 절대 자신에게 열광하지 않으며 자신을 미워한다는 사실을 알게 될 것이다. 하지만 언뜻 모순처럼 보이는 수수께끼는 쉽게 풀린다. 이기심이 바로 이런 자기애 결핍에 뿌리내리고 있기 때문이다. 자신을 사랑하지 못하고 인정하지 못하는 사람은 항상 불안하다. 진정한 사랑과 긍정을 바탕으로 해야만 존재하는 마음의 안정을 느끼지 못한다. 항상 자신에게 몰두해야 하고 모든 것을 얻고 싶어 욕심을 부린다. 근본적으로 그의 자아에는 안정과 만족이 부족하기 때문이다.

이기적인 사람에게 해당되는 내용은 나르시시스트에게도 해당된다. 나르시시스트는 사물을 소유하는 것보다 자신을 찬양하는 데 더 관심이 많다. 겉으로만 보면 이런 사람들은 자신에게 홀딱 반한 것 같다. 하지만 사실 이들은 자신을 좋아하지 않고, 근본적인 자기애의 결핍을 나르시시즘과 이기심으로 보상한다. 프로이트는 나르시시스트는 타인에게서 거둔 사랑을 자신에게 쏟는다고 강조한다. 이 주장은 앞부분은 옳지만 뒷부분은 틀렸다. 나르시시스트는 자신도 타인도 사랑하지 않는다.

이기적인 사람과 나르시시스트의 보상 메커니즘은 타인에 대한 과도한 관심 및 과잉보호와 비교해보면 쉽게 이해할 수 있다. 자식을 과잉보호하는 어머니이건 상대에게 과한 관심을 보이는 배우자이건, 좀 더 자세히 들여다보면 항상 문제는 하나다. 그는 의식적으로는 자신이 자식이나 배우자를 특별히 사랑한다고 생각하지만 사실은 과도한 관심을 보이는 바로 그 사람에 대해 적개심을 품고 있다. 물론 그 적개심을 마음 깊은 곳으로 쫓아버리긴 했지만 말이다. 그들의 과잉 관심은 사랑이 부족하기 때문이기도 하지만 존재하는 적개심을 보상해야 하기 때문이기도 하다.

이기심의 경우 문제가 하나 더 있다. 누군가가 자신을 희생한다면 이타심의 매우 특별한 표현이 아닐까? 자신을 사랑하는 사람이 그런 극단적인 희생을 하리라 생각할 수 있는가? 대답은 전적으로 희생의 종류에 달려 있다. 한편에는 최근 파시즘 철학이 소리 높여 찬양했던 희생이 있다. 개인은 지도자나 인종처럼 자기 밖의 어떤 것, 자신보다 더 위대하고 가치 있는 것을 위해 희생해야 한다. 개인은 무가치하기에 더 높은 권력을 위한 이런 종류의 자기부정을 통해서만 자신의 쓰임새를 찾는다. 이런 식으로 이해하면 자신보다 더 위대한 어떤 것이나 누군가를 위해 스스로를 희생하는 것이야말로 인간이 도달할 수 있는 최고의 덕목이다. 자기애와 이웃 사랑이 자신과 타인에 대한 근본적인 긍정과 존중이라면 이런 희생관은 자기애와 극명하게 대비된다.

또 다른 종류의 희생도 있다. 자신의 일부가 되어버린 이념이나 사랑하는 사람을 위해 목숨을 바쳐야 할 상황이라면 그런 희생은 자기 긍정의 극단적 표현일 수 있다. 물론 육체적 생명의 긍정은 아니겠지만 인성 전체의 핵심이라는 의미에서 자아의 긍정인 것이다. 이 경우 희생은 그 자체가 목적이 아니며, 자아의 실현과 긍정을 위해 치러야 하는 대가일 뿐이다. 이 경우 희생의 근거가 자기 긍정이라면, 마조히즘적 희생의 근거는 자기 존중과 자기애의 결핍이며 그 본질상 허무주의적이다.

이기심의 문제는 특히 **심리 치료에서 중요**하다. 신경증 환자는 이기적일 때가 많아서 타인과의 관계에서는 폐쇄적이고 자신과의 관계에서는 과도한 불안에 사로잡힌다. 이런 경향이 이상할 것이 없는 이유는 신경증이란 강한 자아의 형성이 성공적으로 마무리되지 못했다는 뜻이기 때문이다. 물론 정상적이라고 해서 마무리가 잘되었다는 의미는 아니다. 대다수의 잘 적응한 사람들의 경우도 정상이란 그저 어린 나이에 자아를 잃어버리고 사회가 제공한 사회적 자아로 완전히 대체되었다는 뜻일 뿐이다. 그들에게는 신경증의 갈등이 존재하지 않는다. 자아가 사라짐에 따라 자아와 외부 세계의 불화도 사라졌으니 말이다.

신경증 환자가 남보다 더 이타적인 경우도 적지 않다. 그에겐 자기주장이 없고 목표를 추구할 능력이 없다. 이러한 이타심의 근거는 본질적으로 이기심의 근거와 동일하다. 실제로는 양쪽 모두 자기애가 부족한 것이다. 자기애가 없으면 그 누구도 건강해질 수 없다. 신경증 환자가 건강해지면 사회적 자아에 순응한다는 의미의 정상이 되지 않는다. 한번도 잃어본 적 없이 자아를 간직하기 위해 신경증 증상으로 투쟁했기에 그는 자아를 실현할 수 있다. 따라서 프로이트의 나르시시즘 이론처럼 사회의 행동 모델을 합리화하고 자기애를 비난하며 이기심과 동일시하는 이론은 심리 치료에서 해로운 효과를 낼 수 있다. 그런 심리 치료는 내담자를 자신이 되도록, 다시 말해 (예술가의 전통적 특징인) 자유롭고 자발적이며 창의적인 사람이 되도록 도와주려 하지 않아야만 '긍정적' 결과를 얻게 된다. 그런 치료는 내담자를 자아를 찾으려는 투쟁을 포기하고 신경증으로 소란을 일으키지 않고 조용히 문화 모델에 순응하도록 만들기 때문이다.

오늘날엔 개인을 무기력한 원자로 만들려는 경향이 날로 뚜렷해진다. 권위적 시스템은 개인을 위정자의 손아귀에 있는 의지도 감정도 없는 도구로 깎아내리려 노력한다. 테러와 빈정거림, 국가권력, 대규모 시위, 광신적인 연설가 등 온갖 암시 수단을 총동원해 개인을 때려 부순다. 결국 인간이 제 발로 설 수 없을 정도로 나약하다는 기분에 사로잡히면 손을 내밀며 개인은 무력한 일부이므로 더 큰 전체의 힘과 영광에 참여하라고 제안한다. 권위적 선전은 민주주의국가의 개인은 이기적이기에 이타적이고 사회적으로 생각해야 한다고 주장한다. 이 말은 거짓이다. 나치주의는 지배하는 시민계급과 극도로 잔인한 국가의 이기심을 보통 사람들의 이기심으로 대체했다. 이타적이어야 한다는 호소는 보통 시민들을 더 굴복하고 더 자신을 버리도록 만들기 위한 무기다.

민주주의 사회에 대한 비판이 일차적으로 사람들이 너무 이기적이라는 비판이어서는 안 된다. 물론 이기적이기는 하지만 그것은 다른 원인에서 비롯된 결과에 불과하다. 민주주의는 개인이 자신을 사랑하는 법을 배우고 지성과 감성, 관능의 가능성을 모두 갖춘 자아를 긍정할 깊은 감각을 키울 만큼 개인을 지지하지 못했다. 개인에게 자신을 부인하고 생산과 이윤의 요구에 복종하라고 강요한 청교도주의와 프로테스탄티즘의 유산은 파시즘이 대두할 조건을 마련했다. 복종하겠다는 마음가짐, 전쟁과 자기 부인에 매료당하는 왜곡된 용기. 이것은 군가를 부

르고 지도자의 이름을 외쳐 부르면서 (대부분 무의식적인) 절
망을 억지로 눌러버릴 때만 가능하다.

자신을 사랑하기를 멈춘 인간은 살해당해도, 죽어도 좋
다는 마음을 갖는다. (미국) 문화마저 파시즘에 장악되지
않으려면 이기심이 너무 많은 것이 문제가 아니라 자기애
가 없다는 것이 우리의 문제라는 사실을 깨달아야 한다.
개인이 형식적인 의미의 자유를 실현할 수 있을 뿐 아니
라 (지성과 감정, 관능의 특징을 모두 갖춘) 인성 전체를 펼칠 조
건을 마련해야 한다. 이런 자유는 인성의 일부가 나머지
를 지배한다는 의미가 아니다. 양심이 본성을, 초자아가
이드를 지배한다는 의미가 아니다. 자유란 인성의 통합을
말한다. 이렇게 온전해진 인간의 모든 가능성을 실제로
표현한다는 의미다.

4

창의적인
삶

창의성이라는 말은 두 가지 의미로 쓸 수 있다. 창의성이란 새로운 것, 그림이나 조각, 심포니, 시, 소설 등 보거나 들을 수 있는 어떤 것이 만들어진다는 의미일 수 있다. 하지만 방금 말한 그 작품을 탄생시키는 자세로 창의성을 이해하기도 한다. 사물의 세상에서 새로운 것을 만들지 않고도 존재할 수 있는 자세 말이다.

첫 번째 의미의 창의성, 즉 예술가의 창조적 작품이 탄생하려면 여러 전제 조건이 필요하다. 재능(혹은 유전적 자질이라 부르는 편이 더 좋겠다), 공부, 연습, 그리고 그 사람이 공부와 연습을 통해 재능을 키울 수 있는 일정한 사회경제적 조건이 그것이다. 내가 다룰 창의성은 첫 번째 종류가 아니라 창의적 자세, 성격이다.

창의성이란 무엇인가? 내가 보기에 최고의 대답은 이렇다. 창의성은 **보고** (혹은 **의식적으로 인지하고**) **대답하는** 능력이다. 이러한 창의성에 대한 정의가 너무 단순하다고 생각할 수도 있다. 그래서 이렇게 말할 수도 있다. "그런 게 창의성이면 사물과 사람을 매우 의식적으로 인지하고 그것에 반응하는 나도 100퍼센트 창의적이다. 나도 출근하는 길에 일어나는 일을 인지하지 않는가? 만나는 사람마다 다정한 미소로 반응하지 않는가? 아내를 바라보고 그의 소망에 반응하지 않는가?"

실제로 대부분이 그렇게 생각한다. 하지만 착각이다. 사람들은 대부분 그 무엇도 의식적으로 인지하지 않고 그 무엇에도 진정으로 대답하지 않는다. 그게 진실이다. 보고 대답하는 과정에서 어떤 일이 벌어지는지, 그 과정에서 창의적인 자세와 그렇지 않은 자세는 무엇이 다른지부터 살펴보자.

어떤 사람이 장미를 보고 '이것은 장미다' 혹은 '나는 장미를 본다'며 단정한다고 가정해보자. 그는 실제로 장미를 볼까? 실제로 장미를 보는 사람도 많겠지만 대부분은 그러지 않는다. 그렇다면 그들은 어떤 경험을 하는 걸까? 나는 그 경험을 이렇게 설명하고 싶다. 그들은 하나의 대상(장미)을 보면서 자신이 본 대상이 '장미'라는 개념에 해당하며, 이런 이유에서 '나는 장미를 본다'는 단정이 옳다고 확신한다. 얼핏 여기서는 강조점이 보는 행위에 찍히는 것 같지만 실제로 중요한 것은 순전히 인지적인 이해와 그것의 언어화다. 이런 방식으로 장미를 본다고 단정하는 사람은 사실상 자신이 말을 배웠다고 단정하는 것일 뿐이다. 그는 구체적 대상을 인식하고 올바른 단어로 분류하는 방법을 배웠다. 여기서 보는 행위는 실질적 행위가 아니라, 본질적으로는 지성적 행위다. 그렇다면 본다는 말의 참뜻은 무엇일까?

구체적인 예를 들어 설명하는 것이 가장 좋을 것 같다. 어떤 여자가 부엌에서 완두콩을 깠는데, 잠시 후 만난 지인에게 아주 신이 나서 이렇게 말한다. "오늘 아침에 굉장한 경험을 했어요. 완두콩이 굴러가는 것을 난생처음 봤지 뭐예요." 그런 말을 들으면 많은 사람이 살짝 불쾌감을 느끼고 저 여자가 왜 저런 말을 할까 고민할 것이다. 완두콩이 굴러가는 것은 당연한 일이라고 생각하기에, 어떤 사람이 그것을 보고 놀랄 수 있다는 사실에 더 놀랄 것이다. 하지만 완두콩이 굴러가는 것을 볼 때 그들이 실제로 경험하는 것은 둥근 물체는 기울며 상대적으로 매끈한 표면에서는 구른다는 이성적 지식의 확인에 불과하다. 구르는 완두콩을 보는 것은 그들의 지식을 확인하는 것에 불과할 뿐, 온전한 인간이 굴러가는 완두콩을 완전히 인식한다는 의미는 아닌 것이다.

굴러가는 공을 본 어른의 행동과 두 살 아기의 태도는 눈에 띄게 다르다. 아이는 전혀 지루해하지 않고 공을 계속 땅에 던지고, 굴러가는 모습을 백번이고 바라볼 수 있다. 왜 그럴까? 공이 굴러가는 모습을 보고 이성으로만 인지한다면 한 번의 경험으로 족하다. 두세 번, 네다섯 번 경험해도 새로울 일이 없다. 즉 반복해서 보면 지겨워진다. 하지만 아이의 경우 구르는 공을 보는 것은 일차적으로 재미지 지적 경험이 아니다. 테니스 경기에서 왔다 갔다 하는 공을 볼 때는 많은 어른들도 재미를 느끼는 것과 같다. 우리가 나무를 보면서 완전히 인식한다면, 나무의 완전한 현실, 즉 본질을 보고 온전한 인격으로 응답한다면 우리의 경험은 나무를 그릴 수 있는 전제 조건이 된다. 경험한 것을 그림으로 그릴 기술적 재주가 있는지 여부는 또 다른 문제겠지만, 화가 역시 일단 자신의 특별한 대상을 완전히 인식하고 그에 맞게 응답하지 않는다면 절대 좋은 그림이 나오지 않는다.

이 차이를 또 다른 측면에서 설명해보자. 순전히 개념으로만 인지할 경우 그 나무는 개성이 없으며 그저 '나무'

종 중 한 가지 사례에 불과하다. 나무가 추상의 대변인에 그치는 것이다. 하지만 완전하게 인식할 경우 추상이 없다. 나무는 완전한 구체성과 더불어 그것만의 유일성을 띠게 된다. 그럴 경우 세상엔 나와 인연을 맺고 내가 바라보며 응답하는 이 한 그루의 나무만 존재한다. 그 나무가 나의 고유한 작품이 되는 것이다.

보통 우리가 사람을 볼 때 겪는 일도 사물을 볼 때와 다르지 않다. 우리가 특정한 사람을 본다고 믿을 때 무슨 일이 일어날까? 우리는 우선 부수적인 것만 본다. 그의 피부색, 옷 입는 방식, 사회적 지위, 교육, 다정한지 여부, 자신에게 도움이 될지 여부만 본다. 우리가 맨 먼저 알고 싶은 것은 그의 이름이다. 우리는 이름을 듣고 그를 분류한다. "이것은 장미다" 하고 말하면서 한 송이 꽃을 분류하는 것처럼 말이다. 우리가 그를 인지하는 방식은 그가 자기 자신을 인지하는 방식과 너무나 똑같다. 우리가 그에게 누구인지 묻는다면 일단 자기 이름이 존스라고 대답할 것이다. 그래도 여전히 그에 대해 잘 모르겠다고 말하면 그는 아마 결혼했고 의사이며 두 아이 아빠라고 말할 것이다. 그래도 여전히 이 남자를 잘 안다는 느낌이 들지 않는 사람이 있다면 그는 누가 봐도 머리가 나쁘거나 눈치 없이 주책을 부리는 사람일 것이다. 우리는 구체적인 사람에게서 추상을 본다. 그 사람 역시 자기 자신과 우리에게서 추상을 본다. 그 이상은 보고 싶은 마음이 전혀 없다. 우리 모두에겐 보편적 공포가 있다. 상대에게 지나치게 가까이 다가갈까 봐, 표면을 뚫고 그의 핵심으로 밀고 들어갈까 봐 겁낸다. 차라리 덜 보고 말지 더 보려고 하지는 않는다. 그와 함께하는 순간의 계획에 꼭 필요한 이상은 보려 하지 않는 것이다. 이런 겉핥기식 만남은 타인에게 무관심한 우리의 내면 상태와 일치한다.

하지만 그게 전부가 아니다. 그 사람을 방관자처럼 겉핥기로 보는 데서 그치지 않는 것이다. 우리는 많은 관점에서 비현실적으로 보기도 한다. 일차적 원인은 우리의 투영이다. 우리는 화가 나면 화를 다른 사람에게 투영해 그 사람이 화가 났다고 믿는다. 허영심이 있다면 상대가 허영심이 있다고 느낀다. 겁이 나면 그가 겁을 낸다고 상상한다. 그를 우리가 입고 싶지 않은 옷 여러 벌이 주렁주렁 걸린 옷걸이로 만들어놓고는 그 모든 것이 그라고 믿으며, 우리가 그에게 입힌 옷에 불과하다는 사실을 깨닫지 못한다. 또 우리는 투영만 하는 것이 아니라 상대의 이미지를 왜곡하기도 한다. 자신의 감정 탓에 타인을 있는 그대로 볼 수 없기 때문이다. 이러한 결과를 초래하는 가장 중요한 세 가지 특성은 불교 교리에서 말하는 삼독, 즉 탐, 진, 치와 일치한다. 탐욕을 품고 상대에게 무언가를 원하면 그 상대를 객관적으로 볼 수 없다는 것은 굳이 강조할 필요가 없다. 우리는 탐욕이 원하는 대로, 화가 강요하는 대로, 어리석음이 상상하는 대로 상대를 왜곡한다.

다른 사람을 창의적으로 본다는 것은 투영과 왜곡 없이 객관적으로 본다는 뜻이며, 이는 어쩔 수 없이 투영과 왜곡을 낳는 자기 내부의 신경증적 '악덕'을 극복한다는 의미다. 완전히 눈을 떠 내면과 바깥의 현실을 인지한다는 의미다. 그런 내면의 성숙에 이른 사람만이, 자신의 투영과 왜곡을 최소로 줄일 수 있는 사람만이 창의적으로 살 것이다.

한 사람을 그의 온전한 현실에서 바라보는 경험은 때로 갑작스럽게 느껴져 깜짝 놀랄 수도 있다. 벌써 100번이나 본 사람을 100번째 만남에서 갑자기 온전히 바라볼 수 있고, 이전에는 한번도 그를 제대로 본 적이 없었다는 기분이 들 수 있다. 그에 대한 새로운 이미지와 과거의 이미지가 너무도 달라 그의 얼굴, 동작, 눈동자, 목소리가 더 강렬하고 구체적인 새로운 현실성을 획득한다. 그렇게 우리는 보는 것과 보는 것의 차이를 배울 수 있다. 친숙한 풍경, 세계적으로 유명한 그림 혹은 그 밖의 익숙한 사물을 보면서도 같은 경험을 할 수 있다.

한 사람이나 하나의 대상 전체를, 그것의 온전한 현실을 본다는 것은 현실에 꼭 맞게 응답하기 위한 조건이다. 대부분의 응답은 인지와 마찬가지로 비현실적이며 순전히 지성적이다. 신문에서 인도의 기아를 다룬 기사를 읽으면 나는 거의 반응하지 않거나 생각으로만 반응한다. 그냥 참혹하다는 생각으로, 가엾다는 생각으로, 기껏해야 동정으로 반응할 것이다. 하지만 누군가 내 눈앞에서 고통받는 광경을 본다면 사정이 다르다. 나는 가슴으로, 온몸으로 반응한다. 그와 함께 아파하고 돕고 싶은 충동을 느끼며 그 충동을 따를 것이다. 하지만 어떤 사람의 구체적 고통이나 행복을 대면할 때조차 나는 겉핥기식으로만 반응한다. 그런 상황에 적당한 감정을 '생각'해서 적당한 행동을 하지만 그럼에도 거리를 유지한다. 현실적 의미에서 반응하고 응답한다는 말은 나를 아플 수 있게, 기쁠 수 있게, 현실을 이해할 수 있게 해주는 모든 인간적 힘을 동원해 응답한다는 의미다. 그럴 때 나는 있는 그대로의 상대에게 응답한다. 타인에 대한 내 경험이 있는 그대로의 그를 향하고 내 응답을 결정한다. 나는 머리로 혹은 눈과 귀로 반응하지 않는다. 있는 그대로의 내 온 인격으로 응답한다. 온몸으로 생각하고 가슴으로 본다. 내 안에 존재하는 실제 힘으로, 응답의 능력을 갖춘 온 힘으로 응답한다면 그 대상은 대상이기를 멈춘다. 나는 그것과 하나가 되며, 더 이상 단순한 관찰자가 아니다. 나는 그것의 재판관이기를 멈춘다. 이런 식의 응답은 보는 자와 보는 대상, 관찰자와 관찰 대상이 둘이면서 동시에 하나가 되는 완벽한 관계 맺음의 상황에서 가능하다.

보고 응답하고 인식하고 인식 대상을 알아보는 감각을 갖추는 **이런 창의적 자세의 전제 조건**은 무엇일까? 첫 번째 조건은 감탄하는 능력이다. 아이들에겐 이런 능력이 있다. 아이들은 새로운 세상에서 갈 길을 찾고 항상 새로운 사물을 붙잡아 알아가려는 노력을 다한다. 또 아이들은 당황하고 놀라며 감탄할 수 있고, 바로 이를 통해 창조적으로 응답할 수 있다. 하지만 교육과정을 거치고 나면 대부분은 감탄하는 능력을 잃는다. 이제 자신은 사실상 모르는 것이 없으며, 감탄은 배우지 못한 증거라 생각한다. 세상은 더 이상 기적으로 가득하지 않고 사람들은 세상을 당연한 것으로 받아들인다. 하지만 감탄하는 능력이야말로 예술과 학문에서 독창적 결과가 나올 수 있게 하는 조건이다.

프랑스 수학자 레몽 푸앵카레Raymond Poincaré, 1860~1934는 "과학의 천재성이란 놀라는 능력이다"라고 말했다. 학문의 수많은 발견이 바로 이런 방식으로 이루어졌다. 수많은 사람들이 목격하고도 놀라지 않으며 감탄하며 걸음을 멈추지 않은 현상을 학자가 관찰한다. 그에게는 감탄하는 능력이 있다. 너무나 당연한 것이 그에게는 문제가 되기에 그의 생각은 작업에 들어가고, 그것이 발견의 시작이 된다. 그를 창조적 학자로 만든 것은 문제를 해결하는 능력이 아니다. 그것은 극히 일부일 뿐이고, 대부분은 학자들이 보통 당연하게 받아들인 것을 보고 감탄하는 그의 능력이 핵심이다.

창조적 자세의 두 번째 조건은 집중력인데, 서구 문화에선 희귀하다. 우리는 늘 분주하지만 집중하지 못한다. 어떤 일을 하면서 이미 다음 일을, 지금 하는 일을 끝마칠 수 있는 순간을 생각한다. 우리는 최대한 많은 일을 동시에 한다. 아침 식사를 하면서 라디오를 듣고 신문을 읽으며, 그 와중에 아내와 아이들과 대화를 나눈다. 다섯 가지 일을 동시에 하지만 그 어떤 일도 제대로 하지 않는다. 여기서 "그 어떤 일도 하지 않는다"는 말은 그 일이 자기 힘의 표현이 아니라는 뜻이다. 진정으로 집중할 땐 지금 이 순간에 하는 일이야말로 세상에서 가장 중요하다. 어떤 사람과 이야기를 나누건, 어떤 글을 읽건, 산책하건, 이 모든 일을 집중해서 한다면 나에게는 지금 여기서 내가 하는 일보다 더 중요한 것이 없다. 사람들은 대부분 과거나 미래에 산다. 하지만 실제 경험으로서의 과거나 미래는 존재하지 않는다. 지금 여기만이 존재한다. 그러므로 진정한 인식과 응답 역시 지금 여기에만 존재한다. 지금 이 순간 하고 보고 느끼는 것에 전념한다면 말이다.

'내'가 하고 느끼는 것과 관련해서는 내가 나의 '자아'를, 자기 자신을 어떻게 경험할 수 있는가의 문제가 더 남아 있다. 자기를 경험하는 능력은 창의적 자세의 또 한 가지 조건이다.

'나'는 아이가 맨 마지막에 배우는 단어에 속하지만, 일단 배우고 나면 아이는 그 말을 아주 유창하게 써먹는다. 가령 의견을 말하고자 할 때 "나는 이런저런 것을 믿는다"고 말한다. 하지만 이 의견을 분석해보면 그 사람은 그저 누군가에게 전해 들었거나 신문에서 읽었거나 어릴 때 부모님에게서 배운 것을 말했을 뿐이라는 사실을 알 수 있다. 그는 스스로 생각한다고 착각하지만 사실은 '그것이 내 안에서 생각한다'라는 표현이 더 옳을 것이다. 그 사람의 착각은 레코드플레이어에 빗댈 수 있다. 레코드플레이어가 생각할 줄 안다면 아마 이렇게 말할 것이다. "나는 지금 모차르트의 심포니를 연주하는 중이야." 하지만 우리는 우리가 레코드판을 플레이어에 얹었고 그것이 자기 안에 녹음된 음악을 그저 재생할 뿐이라는 사실을 잘 알고 있다.

이 사실은 감정에도 해당된다. 가령 칵테일파티에서 누군가에게 기분이 어떤지 물어보면 이렇게 대답할 것이다. "기분이 좋아요. 정말 재미있어요." 하지만 파티장을 나서는 그를 관찰해보니 갑자기 슬픈 인상을 풍기고 피곤해 보인다. 그는 오늘 밤 꿈을, 어쩌면 진짜 악몽을 꿀지도 모르겠다. 그렇다면 그는 정말로 행복했을까? 겉모습만 봐서는 실제로 행복했던 것 같다. 술을 마시고 미소 짓고, 역시 술을 마시고 이야기를 하고 미소 짓는 다른 사람들과 이야기 나누는 자신의 모습을 보았기 때문이다. 그래서 그는 자신도 분명히 다른 사람들과 마찬가지로 행복하고 기분이 좋다는 결론을 내렸다. 어쩌면 슬프고 지루하고 무관심했을지도 모르지만 상황이 그에게 요구하는 감정, 그런 경우 사람들이 그에게서 기대하는 감정을 스스로도 느낀다고 믿는다.

하지만 자신의 자아, 자기 자신을 진정으로 느끼는 사람은 스스로를 자기 세계의 중심으로, 자기 행동의 진짜 주인으로 경험한다. 그것이 바로 내가 말하는 독창성이다. 내가 말하는 독창성은 새로운 발견이 아니라 나 자신에게 기원을 두는 경험이다.

모든 사람에게는 반드시 자기 자신에 대한 감정, 즉 자기 정체감이 필요하다. 이런 '자기'감정이 없다면 우리는 미치고 말 것이다. 하지만 자기 정체감은 문화에 따라 다르다. 개인이 개체가 아닌 원시사회에서는 "나는 우리다"라는 말로 '자기'감정을 설명할 수 있다. 나와 집단의 동일시가 자기 정체감의 본질인 것이다. 진화 과정이 진척되고 인간이 스스로를 개체로 인식하는 정도에 따라 자기 정체감도 점차 집단과 분리된다. 이제 인간은 독자적인 개체로서 스스로를 '나'로 느낄 수 있어야 한다.

이 '자기'감정과 관련된 오해가 매우 많다. 심리학자 중에는 이 감정을 자신에게 할당된 사회적 역할의 반영일 뿐이라고 보는 사람이 적지 않다. 타인이 나에게 거는 기대에 대한 반응이라는 것이다. 경험으로 미루어 볼 때 그것이 우리 사회에서 대부분이 경험하는 자기의 방식이긴 하지만 그럼에도 짙은 불안과 공포, 강박적인 동조 욕망을 초래하는 병리학적 현상이다. 공포와 동조의 강박은 나 자신을 내 행동의 주인으로서 창의적으로 경험하는 '자기'감정을 키워야만 극복할 수 있다. 하지만 그 말이 결코 자기중심적이거나 자기도취적이 되라는 의미는 아니다. 정반대로 타인과 관계 맺음의 과정에서만, 혹은 (이 장의 주제에 맞게) 창의적 자세를 토대로 삼아야만 나를 '나'로 경험할 수 있다. 타인과 아무 관계도 맺지 않고 고립될 경우 나는 극심한 공포에 싸여 자기 정체감과 자기감정을 전혀 키울 수 없다. 그래서 자기 정체감 대신 나라는 인간을 소유하는 감정을 느끼게 된다. '**내 집이 내 성이다**'라는 감정을 갖게 되는 것이다. 그러면 나는 내 소유물이 된다. 내 지식, 신체, 기억을 포함해 내가 소유한 모든 것이 나다. 하지만 그것은 절대로 앞에서 말한 의미의 자기 경험이 아니다. 그럴 때 내 자기는 창의적 경험을 하는 자가 아니라 사물이자 소유물인 자신에게 집착하는 '자기'다. 이런 자세를 취하는 사람은 사실상 자기 자신의 포로다. 감금당했기에 어쩔 수 없이 불행하고 공포에 벌벌 떠는 포로 말이다. 진정한 자기감정을 획득하기 위해서는 자신을 부수고 나와야 한다. 사물인 자신에게 더 이상 집착해서는 안 된다. 창조적 응답의 과정에 있는 자신을 경험하는 법을 배워야 한다. 여기서 패러독스는 이렇게 자신을 경험하는 과정에서 자신을 잃는다는 것이다. 자신의 한계를 초월해 '**나다**'라고 느끼는 그 순간에 '**나는 너다**'라는 감정도 느끼게 된다. 나는 온 세상과 하나인 것이다.

창의성의 또 한 가지 조건은 양극성에서 생기는 갈등과 긴장을 회피하지 말고 받아들이는 능력이다. 이런 생각은 갈등은 최대한 피하고 보자는 요즘 사람들의 생각과 완전히 반대된다. 현대 교육에서는 아이에게서 갈등의 경험을 덜어주고자 한다. 뭐든 쉽게 만들어주고 모두가 아이를 정성껏 보살핀다. 윤리적 규범이 너무나 평준화되어 아이는 욕망과 규범의 갈등을 체험할 기회를 거의 얻지 못한다. 갈등은 해로운 것이기에 피해야 한다는 착각이 널리 퍼져 있다. 하지만 그 반대가 맞다. 갈등은 감탄의 원천이며, 자신의 힘과 흔히 '성격'이라 부르는 것을 키우는 원천이다. 갈등을 피하면 인간은 마찰 없이 돌아가는 기계가 된다. 어떤 격정이든 금방 가라앉고 모든 욕망이 자동적으로 이루어지며 모든 감정이 얕아지는 기계다. 갈등은 개인적이고 우연한 종류만 있는 게 아니라 인간 실존에 깊이 뿌리내린 것도 존재한다. 후자가 생겨나는 것은 우리에게 몸과 몸의 욕망이 있고, 결국 죽어 사라지는 존재이기에 동물의 왕국에 속하지만, 동시에 우리 자신을 인식하고 상상력과 창의력을 발휘해 이 동물의 왕국과 자연을 초월한다는 사실 때문이다.

우리는 인간종이 누리거나 언젠가 누리게 될 모든 가능성을 대변하지만, 정작 짧은 생애 동안 실현하는 것은 이 가능성 중에서 말도 안 되게 작은 부분뿐이다. 우리는 계획을 세우고 예방 조치를 취하지만 의지, 계획과 전혀 무관한 우연에 지배당한다. 이러한 갈등을 의식적으로 인식하고 심도 있게 경험하며 이성뿐 아니라 감정으로도 수용하는 것이 창의성의 전제 조건 중 하나다. 갈등을 부인하거나 지성으로만 경험한다면 창의성을 좇아내는 겉핥기식의 피상적 경험만 할 것이다. 또 한 가지 언급하고 넘어가야 할 사실이 있다. 우리는 갈등뿐 아니라 양극성도 무시하려 한다. 양극성은 수많은 차원에서 존재한다. 개인적 차원에서는 기질의 양극성이 있고, 사회적 차원에서는 남성과 여성이 가장 중요한 양극성이다. 그 양극성이 지금 어떻게 되었는가?

평준화로 흘러가버린 그릇된 동등권 사상 탓에 우리는 이 양극성을 심하게 축소했다. 현대사회에서 인간이 사물로 변할수록 남성과 여성도 사물이 되고 그 사이에 존재하는 양극성도 축소된다. 실제 오늘날의 남성과 여성은 서로가 같아져 둘의 차이는 성적인 영역에서만 의미를 지닌다. 이 과정에서 에로틱한 매력의 강도도 심하게 줄어들었다. 에로틱한 매력은 남성의 극과 여성의 극이 만들어내는 우주의 양극성에서 샘솟아 나온다. 그 결과 사랑은 멋진 동지애로 변하고 창의성 그 자체의 샘물인 진정으로 에로틱하고 열정적인 성격을 잃고 만다. 물론 현대 문화가 양성 동등권을 통해 엄청난 진보를 이루었음은 의심의 여지가 없다. 인종의 동등권 실행과 관련해서도 빠르게 진보를 일구었다. 하지만 우리는 이런 성과에 진정으로 자부심을 느낄 수 없다. 한편으로는 분명 좋은 일이지만 달리 보면 차이와 양극성의 홀대로 대가를 치렀기 때문이다.

　원래 평등이란 모든 인간은 그 자체로 귀하며 타인의 목적을 위한 수단으로 삼아서는 안 된다는 의미에서 우리 모두 동일하며, 혹은 종교적으로 풀이해서 만인은 신의 자녀이며 다른 사람을 자신의 신이나 주인으로 삼아서는 안 된다는 뜻이다. 평등이란 우리 모두가 온갖 차이를 지니고 있지만 그럼에도 동일한 인간 존엄성을 갖는다는 뜻이다. 우리에겐 우리의 차이를 개발할 권리가 있지만, 타인을 착취하는 데 차이를 요구하며 이용할 권리는 누구에게도 없다는 의미다. 하지만 오늘날 평등은 무리와 달라서는 안 된다는 의미의 동일이다. 차이가 평등의 원칙을 위협할 수 있다는 공포가 널리 퍼져 있다. 나는 이런 입장을 극복해야만, 동일의 자리에 다시 진정한 평등을 앉혀야만 창의성이 자랄 수 있다고 확신한다.

　창의성의 전제 조건은 또 다른 방식으로도 표현할 수 있다. 그것은 매일 새롭게 태어나겠다는 마음가짐이다. 실제로 출생은 아이가 태아로 존재하기를 멈추고 스스로 숨 쉬기 시작할 때 일어나는 단 한번의 과정이 아니다. 생물학적으로 볼 때는 매우 결정적인 사건 같지만 사실 출생은 그 정도로 대단한 사건은 아니다. 혼자 숨 쉬기는 하지만 신생아는 아직 엄마 몸의 일부이던 출생 이전과 마찬가지로 무능력하며 엄마에게 의존한다. 생물학적 성장을 보더라도 출생은 수많은 개별 단계로 이루어진다. 시작은 엄마의 자궁을 떠나는 것이지만 그 후로도 엄마의 젖, 품, 손을 떠나야 한다. 말하고 걷고 먹는 등 새롭게 획득하는 능력 모두가 동시에 이전 상태를 떠난다는 의미이기도 하다. 인간에겐 특유의 이분법이 있다. 인간은 안전을 뜻하는 이전 상태를 떠나기 무서워하지만 자신의 힘을 더 자유롭고 완전하게 사용할 가능성을 제공하는 새로운 상태에 도달하고자 한다. 인간은 자궁으로 돌아가고 싶은 욕망과 완전히 새로 태어나고 싶은 욕망 사이를 쉬지 않고 오간다. 모든 출생의 행위에는 용기가 필요하다. 놓아버릴 용기, 자궁을 버리고 엄마의 가슴과 품을 떠날 용기, 엄마의 손을 놓을 용기가 필요하다. 그리고 마침내 모든 안전을 버리고 단 하나만을 믿을 수 있는 용기가 필요하다. 사물을 진정으로 인식하고 그것에 응답하는 자신의 힘, 다시 말해 자신의 창의성만 믿을 수 있는 용기 말이다. 창의적이라는 것은 인생의 전 과정을 출생으로 보며 인생의 어떤 단계도 최종 단계로 보지 않는 것이다. 사람들은 대부분 온전히 태어나보기도 전에 죽는다. 창의성이란 죽기 전에 태어난다는 의미다.

태어나겠다는 마음가짐(이것은 모든 '안전'과 망상을 버리겠다는 마음가짐을 말한다)은 **용기**와 **믿음**을 요구한다. 안전을 버릴 용기, 타인과 다를 용기, 고립을 참고 견딜 용기. 성경 속 아브라함 이야기에서 말하는 그 용기, 조국과 가족을 떠나 미지의 땅으로 걸어가는 용기다. 자신의 사고뿐 아니라 감정과 관련해서도 진리 말고는 그 무엇도 신경 쓰지 않을 용기. 이런 용기는 믿음을 기틀로 삼아야만 가능하지만, 여기서 말하는 믿음은 오늘날 흔히 생각하는 믿음이 아니다. 즉 과학적으로 혹은 합리적으로 입증할 수 없는 이념에 대한 믿음이 아니다. 여기서 말하는 믿음은 믿음을 칭하는 단어 에무나emuna, 즉 확신과 같은 뜻인 구약의 믿음과 동일하다. 사고와 감정으로 자기 경험의 현실성을 확신하고 그것을 믿고 신뢰할 수 있는 것이 믿음이다. 용기와 믿음이 없다면 창의성도 없다. 따라서 창의적 자세를 키우기 위해서는 반드시 용기와 믿음이 무엇인지 이해하고 그 둘을 장려해야 할 것이다.

다시 한번 되풀이하지만 여기서 말하는 창의성은 특별한 재능을 타고난 사람이나 예술가만이 도달할 수 있는 특성이 아니라 모든 사람이 도달해야 하고 또 그럴 수 있는 자세다. 창의성 교육은 삶의 교육과 같은 뜻이다.

5

죽음에
대한
태도

왜 사람들은 암이나 기타 질병의 조기 발견을 도와줄 의료 검사 서비스를 이용하지 않는지 궁금하다. 그 방법을 활용하면 중증 질환이나 요절을 예방할 수 있을 텐데 말이다. 대다수 사람들의 인생을 좌우하는 듯 보이는 합리적 행동과는 정반대이기에 참으로 놀랍다.

이 문제와 관련해 의사들에게서 수집한 자료를 보면 사람들은 많은 영역에서 누가 봐도 '건강을 위해 뭐든 하려고' 엄청나게 노력하면서도 정작 생명을 지키려는 결심은 하지 않는다. 수많은 구체적 사례가 그 사실을 입증한다. 하지만 애당초 의학은 인간이 자기 생명을 수호하는 데 큰 관심을 보이지 않는 현상을 관찰할 수 있는 수많은 분야 중 하나에 불과하다. 이러한 사실은 똑같은 비합리적 행동을 전혀 다른 분야에서도 확인할 수 있다는 것을 알고 나면 더 큰 의미를 띠게 된다. 바로 핵 군축과 생태학적 환경 관련 분야가 그렇다. 이 분야에서도 사람들은 자신이 자기 나라, 아니 전 세계를 완전히 파괴할 수도 있으며, 심지어 지구 생명의 존속을 위태롭게 할 생태학적 훼손을 불러오고 있다는 사실을 잘 안다. 그런데도 이런 위험을 막으려는 노력을 전혀 하지 않는다. 물론 여러 방향에서 어느 정도 노력했다는 사실을 반박하려는 것은 아니지만, 그 엄청난 위험의 파급력을 고려할 때 이 정도의 노력은 내가 보기엔 암이라 추정할 이유가 있는데도 아스피린을 복용하는 것과 비슷하다. 실제로 그것은 질병 예방보다 훨씬 더 심오한 의미가 있으며 사실상 우리 문명의 뿌리를 건드리는 근본적 문제다. 복지와 '최대 다수의 최대 행복'을 위해 그렇게 노력하는 문화에서 어떻게 사람들이 죽느냐 사느냐의 문제에 무관심한 듯 행동할 수 있단 말인가?

주된 이유는 두말할 것도 없이 '불멸의 착각'일 것이다. 개인은 착각에 빠져 죽을 수 있다는 사실을 실제로 믿지 않고, 따라서 행동으로 죽음의 위험을 막으려는 노력을 기울이지 않는다. 사는 동안 인간은 죽음을 생각하긴 하지만 죽음을 실질적 가능성으로 경험할 수 없다. 이 사실을 고려한다면 이는 이해할 수 있는 원인 중 하나다. '불멸의 착각'은 일반적으로 죽음이라는 현실을 부인하는 우리 문화에 뿌리를 두고 있다.

우리는 죽음을 은폐하고 비현실적으로 만든다. 우리 모두 그 사실을 알고 있다. 시신을 예쁘게 단장한다. 장례식은 전문가인 장례지도사의 손에 넘어가고, 슬픔의 감정은 되도록 참아야 하는 사회적 사건이 된다. 내가 보기엔 이와 같은 죽음의 부인은 우리 문화 전체를 관통하는 자세와 깊은 관련이 있다. 다름 아닌 자연으로부터의 소외다. 르네상스 이후 자연은 우리에게 지배의 대상이었다. 인간은 자연을 완전히 정복하고, 인간이 결정한 새로운 세상을 창조하며, (자연과학과 기술을 통해) 신처럼 전지전능해진데 매우 큰 자부심을 느낀다. 죽음은 사실상 자연 지배라는 우리의 신화를 반박하는 유일한 현상이다. 죽음이 기술의 한계를 보여주기에, 이 참기 힘든 사실을 그냥 부정해버림으로써 처리하려 노력하는 것이 너무나 당연하게 받아들여진다. 그것도 과학적 의미가 아니라 일상생활에서 말이다. 죽음이 언어와 감정에서 추방당한 것이다. 이러한 부정 현상은 인간이 자연을 지배하지 않고 자연의 일부로 머물렀던 대부분의 이전 문화와 우리 자세를 비교하면 훨씬 더 분명해진다.

우리 사회의 특수한 구조에 뿌리를 둔 다른 현상도 이와 관련이 있다. 이 현상은 이기주의와 부당한 이기심 원칙에 바탕을 두고 있다. 그 뿌리가 되는 이데올로기는 모두가 개인의 이익을 추구하면 결국 모두의 행복에 기여하게 된다는 주장이다. 이 원칙이 힘을 잃는 유일한 경우가 전쟁이다. 전쟁 시에는 평화로울 때는 보기 드문 연대감과 상호 책임감이 어느 정도 나타난다. 이는 도덕적인 관점에서 볼 때 우리 사회에 대한 슬픈 해설이 아닐 수 없다. 우리 사회와 달리 산업사회 이전을 살펴보면 그 사회가 (중세 사회뿐 아니라 수많은 원시사회 역시) 연대감과 상호 공감의 기본 원칙을 바탕으로 한다는 사실을 깨달을 것이다. 이 원칙이 없다면 나는 사실상 내 이웃의 죽음에 거의 관심이 없다. 그렇지 않다고 아무리 맹세한들 우리 역시 대체로 그렇다. 나는 이웃과 함께 아파하지 않고 이웃의 운명에 공감하지 못하며 그가 '그냥 운이 나빴다'라는 감정을 느낄 뿐이다. 내 이기주의가 기껏해야 안타까운 일일 뿐, 나한텐 그런 일이 일어나지 않을 것이라고 내 귀에 대고 속삭인다. 나는 '나한텐 그런 일이 일어나지 않을 것이다'라는 자세 뒤에 막대한 이기주의가 숨어 있으리라 의심한다. 다음 세대를 향해 "나 죽은 뒤에야 어찌 되건 무슨 상관이냐"라고 말하는 자세에 버금갈 어마어마한 이기주의인 것이다.

다른 원인이 또 있다는 사실도 잊지 말아야 한다. 그렇게 말도 안 되게 비합리적이고 널리 퍼진 현상이라면 원인이 많을 것이고, 바로 그 다양한 동기 탓에 그 현상이 많은 사람에게 힘을 행사할 가능성이 높기 때문이다. 따라서 나는 여기서 추정되는 몇 가지 원인을 더 언급하려한다.

일단 사람들이 진정으로 자기 삶에 만족하지 않기 때문에 그 삶을 유지하려는 노력을 별로 하지 않는다고 할 수있다. 이 말이 모순적으로 들리는 것은 (겉모습만 봤을 때) 모두가 삶에 너무나 집착하기 때문이다. 하지만 나는 우리문화에서 대부분은 아니라 해도 정말로 많은 사람들이 무의식적으로 가벼운 만성 우울증에 시달리며, 사는 게 그다지 즐겁지 않다 느낄 것이라 확신한다. 왜 그럴까? 왜우리 삶의 방식은 구약에서 히브리인의 가장 나쁜 죄라고부르는 상태로 우리를 몰아넣는 것일까? 그 죄란 모든 것이 풍족해도 기쁘고 즐겁게 살지 못하는 죄다(신명기 28장 47절 참조). 물론 이 자리에서 이러한 현상의 원인을 사회구조에서 찾아야 한다는 사실을 상세히 설명할 필요는 없지만 말이다.

한 걸음 더 나아가 겉보기와는 전혀 다르게 매우 큰 파괴성과 삶에 대한 증오가 존재한다고 가정할 수도 있다. 또 살아 있지 않은 것과 기계적인 모든 것이 오늘날의 인간에게 어필하는 매력은 비록 무의식적이기는 하지만 오해의 여지가 없는 현대인의 성격과 일치한다고 가정할 수도 있다. 나는 이런 성격에 네크로필리아라는 이름을 붙였다. 이 말은 위대한 스페인 철학자 미겔 데 우나무노 이 후고Miguel de Unamuno y Jugo, 1864~1936(스페인의 교육자이자 철학자, 작가―옮긴이)가 파시즘의 모토 "죽음 만세!"를 지칭하며 처음으로 사용한 단어다. 이런 자기 파괴적 자세가 비록 의식을 못하기는 해도 많은 사람에게 상당히 심각하다고 추측할 이유는 많다. 타인에게 가하는 폭력 행위가 날로 심각해진다는 사실이 노골적 증거다. 하지만 이런 자세가 내면으로 향할 경우엔 인식하지 못한다고 추측할 수 있다. 그것이 보편적으로 인정되는 윤리적 가치와 충돌하기 때문이다.

또 다른 가정도 가능하다. 많은 사람들이 조기에 검진 받지 않는 이유는 그저 죽음에 대한 공포가 너무 크다 보니 죽을병에 걸렸다는 말을 들을 가능성마저 터부시하기 때문이다. 죽음에 대한 공포를 일깨울 만한 주제는 아예 건드리고 싶지 않은 것이다. 가령 이가 아파 치과에 가는 것과는 전혀 다른 문제다. 물론 아플까 봐 무서워 치과에 가지 않는 사람도 많겠지만 나는 그래도 대부분 치과에 갈 거라고 추측한다. 조기 진단으로 죽음에 대한 공포를 불러오는 질환과 달리 치과에서는 심리적으로 충격을 받을 법한 대답을 들을까 봐 겁내지 않아도 되기 때문이다. 이러한 가정의 타당성을 입증하기 위해서는 사람들이 죽음을 무척 무서워하며, 죽음(아니 그 자체보다는 자신의 죽음)을 터부시한다는 사실을 입증해야 한다. 많은 사람들이 유언장 작성을 겁낸다는 사실이 그 증거가 될 수 있다. 바로 이런 이유에서 사람들은 그러한 병적인 자세를 "입살이 보살"이라는 말로 합리화한다. 하지만 사실 이런 자세에는 나쁜 일은 입에 올리기만 해도 실제로 일어날 수 있기 때문에 절대 입에 올리지 말아야 한다는 미신이 숨어 있다.

하지만 이 가정은 항변을 불러올 수밖에 없다. 처음의 주장, 즉 사람들이 생명을 유지하는 데 별 관심이 없다는 논리와 정확히 반대 아니냐는 반발 말이다. 정말 그렇다면 왜 그토록 죽음을 무서워한단 말인가? 나는 이런 항변이 겉으로는 그럴싸하지만 여기서 다루는 내적 여건의 엄청난 복잡성을 고려하지는 않았다고 생각한다. 죽는 게 너무 겁나서 자살하는 경우를 떠올려본다면 아마 앞의 가정을 더 잘 납득할 수 있을 것이다. 여기서 우리는 똑같은 논리적 모순에 봉착한다. 너무나 살고 싶은 것과 죽음이 끔찍하게 두려운 것은 다르다. 하지만 이것을 분석하려 든다면 또다시 글이 너무 멀리 가버릴 것이다. 죽음에 대한 공포는 제대로 살지 못했다는 감정, 다시 말해 기쁨도 의미도 없는 삶을 살았다는 감정과 함께 자라난다. 진정으로 사는 사람은 죽음을 두려워하지 않는다. 존재와 내면 활동에서 자신의 정체성을 찾기 때문이다. 하지만 우리 문화의 대부분이 그러하듯 가진 것(물질적 소유, 사회적 지위, 명성, 권력 등)과 자신을 동일시하는 사람들은 '나는 내가 가진 것'이라는 모토를 지향한다. 그들의 자기는 가진 것의 총합이며 가장 값비싼 소유물은 자신의 자아, 자기 자신이다. 그들이 느끼는 죽음에 대한 공포는 더 이상 살아 있지 않을지 모른다는 공포가 아니라 가장 값진 것, 즉 자기 자신을 잃을지도 모른다는 공포다. 여러 종교의 위대한 인문주의 사상가들은 모두 입을 모아 말한다. 온전히 살지 못하는 사람, 자기 자신으로 가득 차지 못하는 사람이 가장 죽음을 두려워한다고, 자아를 초월한 사람은 실제로 죽음을 무서워하지 않는다고 말이다.

또 하나의 가정을 보태보겠다. 많은 사람들이 의사라는 직업에 무의식적인 혐오감과 일정 정도의 저항감을 느낀다. 이유가 무엇일까? 의사들이 최선을 다해 돌봐주고, 많은 생명을 구해주지 않는가? 하지만 이런 주장은 문제의 핵심을 꿰뚫지 못한 것이다. 우리는 의학에서도 관료화가 여실하며 날로 심해지고 있다는 사실을 깨달아야 한다. 환자는 진료 절차가 요구하는 여러 단계를 통과하는 대상, 즉 사물이 되며, 보통은 그 단계에 대해 충분히 알지 못한다. 의사는 예로부터 자신의 직업을 따라다니는 비밀을 버리지 못하기에, 환자는 의사가 자신을 데리고 무엇을 하려는지 판단할 수 없으며, 의사는 직간접적 비판은 물론이고 질문만 던져도 예민하게 반응하기 일쑤다. 환자는 점점 더 수동적으로 변한다. 사람들은 전문가에게 모든 것을 맡기라고 가르치고, 자신의 상태를 스스로 판단하지 말라고, 겉핥기식 이상으로는 절대 건강을 위해 무언가를 하지 말라고 요구한다. 그러다 보니 환자는 미묘한 기분에 사로잡힐 때가 많다. 무기력한 기분, 강요당하고 조종당한다는 미묘한 기분이 들지만 그에 저항할 방도는 없다. 그러니 개인 상담 시간이나 병원에서는 겉보기에는 말 잘 듣는 환자지만 진료 시간 외에는 의사에 대한 격한 저항감이 생기고 의사에게 반발하는 것이 지극히 논리적인 결과가 아니겠는가? 환자가 파업에 돌입해 "급히 필요할 때가 아니라면 당신이 무엇을 하건 무슨 조언을 하건 아무 관심도 없다"라고 말하는 내면의 저항은 환자를 도우려는 의사의 선의를 방해할 것이라 추측할 수 있고, 이 추측은 틀리지 않을 것이다. 이러한 동기가 실제로 그런 역할을 할지는 나도 확신할 수 없지만, 현상 자체(환자와 의사의 갈등 관계)가 현재의 의료 현실에서 지극히 중요한 문제 중 하나라고 보기에 한 번쯤 지적할 필요는 있다고 생각한다.

6

무력감에
대하여

시민계급의 특성은 독특한 분열 양상을 보인다. 한편으로
는 매우 능동적인 자세를 취해 주변을 의도적으로 만들어
나가고 변화시키려 한다. 시민계급은 과거 그 어떤 시대
의 인간보다 더 합리적인 원칙에 따라 사회적 삶을 정돈
하고, 최대 다수의 최대 행복을 추구하는 방향으로 사회
적 삶을 변화시키며, 이 변화에 개인을 능동적으로 참여
시키려 노력한다. 동시에 유례가 없을 정도로 자연을 정
복한다. 시민계급의 기술력과 발명은 자연과 자연의 힘을
지배하려는 인간의 모든 꿈을 거의 실현한다. 시민계급은
유례없는 부를 쌓고, 그 부로 역사상 처음으로 모든 인간
의 물질적 욕구를 충족시킬 가능성을 연다. 인간이 지금

만큼 물질세계의 온전한 주인이었던 적은 없었다.

또 한편으로는 극단적으로 대비되는 특성을 보여준다. 시민계급은 가장 우수하고 멋진 사물의 세계를 생산하지만, 손수 만든 창조물은 낯설고 위협적이다. 사물이 완성되면 그는 그 사물의 주인이 아니라 시종이 된 것 같은 기분이 든다. 물질세계 전체가 인간 삶의 방향과 속도를 지시하는 거대한 기계 괴물이 된다. 인간에게 봉사하고 행복을 선사하기로 정해져 인간의 손에서 탄생한 작품이 인간을 소외시키는 세계가 되고, 인간은 그 세계에 비굴하고 무기력하게 복종한다. 시민계급은 사회와 정치기구를 향해서도 똑같이 무기력한 자세를 취한다. 아마 후대의 역사가는 이 시대를 사는 우리보다 이 상황을 더 이상하다고 여기며 고개를 갸웃거릴 것이다. 이긴다고 해도 끔찍한 고통을 겪을 전쟁을 목전에 두었다는 사실을 삼척동자도 다 아는데, 필사적 에너지로 그 재앙을 막으려 최선을 다해야 할 대중은 오히려 무장과 군사교육 등을 통한 전쟁 준비를 묵과하고, 심지어 지지하기까지 했다니 말이다. 후대의 역사가는 또 이런 궁금증도 품을 것이다. 산업 발전으로 인간이 행복하고 안전을 유지할 가능성이 무척 커졌는데도 대다수 사람들은 아무 일도 일어나지 않는 현실에 만족하고, 오가는 위기와 그 위기를 보상하는 짧은 경제 호황을 알 수 없는 운명의 작용처럼 여겨 계획도, 대책도 없이 맞이했다. 그것을 어떻게 설명할 수 있단 말인가?

이 글은 시민계급의 분열된 특성 중 **한 가지** 측면, 즉 무력감을 대상으로 삼는다. 지금껏 시민계급의 특성을 설명하고 분석하는 글에서 항상 소홀히 하던 문제다. 그렇게 된 중요한 이유는 굳이 설명하지 않아도 명백하다. 시민계급은 (특정 유형의 종교인과 달리) 본질적으로 무력감을 의식하지 못하며, 순전히 서술적-심리학적 방법론으로는 그 무력감을 파악할 수 없기 때문이다. 따라서 개인의 정신분석이 제공하는 관찰 내용에서 출발하는 것이 여기서 말하는 사회심리학적 현상을 이해하는 길 중 하나인 것 같다. 물론 여기서 설명한 감정의 보편성을 연구하려면 사회심리학적 연구를 추가해야 할 것이다. 하지만 여기서 기틀로 삼은 정신적 메커니즘을 그 구조와 조건, 개인의 행동에 미치는 영향 면에서 설명하는 것은 이 길을 걷기 위한 첫걸음이 될 것이다.

무력감의 극단적 경우는 신경증적 인성에서만 발견된다. 하지만 동일한 감정의 낌새는 우리 시대의 건강한 사람들에게서도 어렵지 않게 발견된다. 그럼에도 이 감정과 그 결과를 설명하기 위해서는 증상이 더 명확한 신경증 사례가 더욱 적합할 것이며, 그 때문에 나는 신경증 사례를 거론할 것이다. 무력감은 신경증 환자에게서 매우 규칙적으로 나타나고 그들의 인성 구조에서 아주 중요한 부분이므로 이 무력감을 기초로 신경증을 정의하는 것이 많은 면에서 타당한 듯하다. 증상 신경증이건 성격 신경증이건 모든 신경증의 중요한 특징은 한 사람이 특정한 기능을 하지 못하며, 마땅히 할 수 있어야 하는 일을 할 수 없고, 이런 무능함이 의식적이건 무의식적이건 자신이 나약하고 무력하다는 깊은 확신에서 나온다는 점이다.

신경증 사례에서 볼 수 있는 무력감의 내용은 대략 다음과 같다. 나는 어떤 것에도 영향을 미칠 수 없고 어떤 일도 착수할 수 없으며 내 의지로는 외부 세계나 나 자신의 어떤 것도 변화시킬 수 없고, 아무도 나를 대우해주지 않으며 모두가 없는 사람 취급한다. 한 여성 내담자가 꾼 꿈 내용이 무력감의 좋은 사례일 것이다.

꿈에서 그녀는 드러그스토어(의약품과 함께 식료품, 생활용품 등 다양한 품목을 판매하는 점포—옮긴이)에 들어가 음료수를 마시며 10달러짜리 지폐를 냈다. 그리고 음료수를 다 마신 후 점원에게 잔돈을 달라고 한다. 그는 아까 주었으니 핸드백 안을 잘 살펴보면 그 안에 있을 것이라고 대답한다. 그녀는 백 안에 든 물건을 샅샅이 뒤졌지만 당연히 잔돈을 찾지 못한다. 점원은 쌀쌀맞게 거만한 말투로 그녀가 돈을 잃어버린 것은 자기 알 바가 아니며 자기는 더 이상 해줄 것이 없다고 대답한다. 화가 머리끝까지 난 그녀는 경찰을 부르려고 길거리로 달려 나간다. 그리고 제일 먼저 눈에 띈 여자 경찰관에게 자초지종을 털어놓는다. 여자 경찰관이 드러그스토어로 들어가 점원과 이야기를 나눈다. 다시 밖으로 나온 그녀는 꿈을 꾼 여자에게 미소를 지으며 그녀가 돈을 돌려받은 것이 분명하다고 거만하게 말한다. "잘 찾아보세요. 어디 있을 겁니다." 그녀는 분노가 치솟아 한 남자 경찰관에게 달려가 도와달라고 부탁한다. 하지만 그 경찰관은 말을 들으려고도 하지 않고 매우 고압적인 자세로 그런 일은 자기가 신경 쓸 일이 아니니 알아서 하라고 한다. 결국 그녀는 드러그스토어로 다시 들어간다. 점원은 의자에 앉아 히죽 웃으며 드디어 진정이 되었느냐고 묻는다. 그녀는 무기력한 분노에 빠져든다.

무력감의 대상은 매우 다양하다. 첫 번째 대상은 인간이다. 자신은 결코 다른 사람들에게 영향을 미칠 수 없다는 확신이 존재한다. 다른 사람을 통제할 수도, 자신이 바라는 일을 그들이 하게끔 만들 수도 없다고 확신한다. 그런 성격을 지닌 사람은 다른 사람이 그를 진지하게 거론하거나, 심지어 그 혹은 그의 의견을 언급했다는 말만 들어도 매우 놀라곤 한다. 실제로 능력이 있건 없건 그것은 아무런 상관이 없다. 학문 분야에서 대단한 명성을 누렸고 여러 글에서 인용되기도 했던 한 내담자는 누군가 그를 존경하며 그의 말에 어떤 식이든 의미를 부여했다는 말을 들을 때마다 매번 깜짝 놀랐다. 사실이 그러하다는 것을 오래도록 경험했음에도 그의 이런 태도는 좀체 바뀌지 않았다. 그런 사람은 자신이 누군가에게 상처를 줄 수 있다고도 생각지 않는다. 바로 그런 이유로 자주 이상할 정도로 공격적인 말을 내뱉을 수 있고, 다른 사람이 그 때문에 상처를 받았다는 사실에 완전히 놀란다. 이런 놀라움을 따라가보면 자신은 전혀 대접을 받지 못한다는 깊은 확신이 원인으로 밝혀진다.

이런 사람은 누군가 자신을 사랑하거나 좋아하도록 만들기 위해 무언가 할 수 있다는 생각도 하지 못한다. 남들과 잘 어울리려는 노력도, 타인의 사랑과 호감을 얻기 위해 필요한 행동을 적극적으로 해보려는 노력도 전혀 하지 않는다. 당연히 사랑과 호의를 얻지 못해 아무도 자신을 사랑하지 않는다는 결론을 내리면서 그것이 착시라는 사실을 직시하지 못한다. 그는 뭔가가 모자라거나 불행한 상황 탓에 자신을 사랑하는 사람을 찾지 못한다고 생각하지만 사실 그가 한탄하는 상황의 뿌리는 타인의 사랑을 얻으려는 그 어떤 노력도 하지 못하는 자신의 무능력이다. 그는 사랑받기 위해 무언가 할 수 있다는 생각을 하지 못하기에 타고난 성질에 온 관심을 집중한다. 그래서 늘 자신이 타인의 마음을 얻을 만큼 똑똑한지, 예쁜지, 착한지 의문에 사로잡혀 있다. 그의 질문은 항상 똑같다. "난 똑똑할까? 예쁠까? 안 똑똑할까? 안 예쁠까?" 그것을 알아내야 한다. 적극적으로 자신을 변화시키고 타인에게 영향을 미칠 가능성이 그에게는 없기 때문이다. 그 결과는 보통 깊은 열등감이다. 사랑과 호감을 얻는 데 필요한 성질이 자신에게는 없다는 열등감이다. 인정과 존중을 향한 욕망도 이와 다를 것이 없다. 그런 사람은 모든 사람이 감탄할 만큼 뛰어난 재능이 자신에게 있는지 강박적으로 고민한다. 하지만 무력감 탓에 노력하고 일하고 배워 타인이 정말로 인정하거나 감탄하는 것을 생산해내지는 못한다. 그 결과 보통 그의 자기감정은 과대망상과 아무짝에도 쓸모없다는 기분 사이를 쉼 없이 오간다.

무력감이 낳는 또 다른 중요한 결과는 공격을 방어할 능력을 키우지 못하게 한다는 것이다. 공격이 신체적인 것일 수도 있는데, 그럴 경우 뚜렷한 신체적 무력감이 나타난다. 그래서 위험이 닥쳐도 자신의 신체적 힘을 전혀 사용할 수 없어 마비된 것처럼 꼼짝 못하고, 아예 방어할 수 있다는 생각 자체를 하지 못할 때가 많다. 하지만 사실 신체적 위협에 저항하지 못하는 무능력보다 훨씬 더 중요한 것은 다른 종류의 공격에 저항하지 못하는 무능력이다. 이럴 때 사람들은 부당하건 정당하건 자신을 향한 모든 비판을 무조건 수긍하며 반론을 펼치지 못한다. 때로 비판이 부당하다는 것을 알면서도 자신을 방어하는 말은 한마디도 하지 못한다. 극단적인 경우 무력감이 너무 심해서 비판이 부당하다고 느끼지도 못하고, 모든 비판이나 비난을 정당하다고 여겨 마음으로 받아들이게 된다. 온갖 모욕과 비하에도 마찬가지로 방어하지 못한다. 이 경우에도 모욕에 적절하게 대답하지 못하거나 상대가 자신을 모욕하는 것이 옳고 또 그럴 만한 이유가 있다고 확신해 자발적으로 모욕을 감수한다. 그러다 몇 시간 혹은 며칠이 지나서야 문득 비난이 부당했고 모욕이 지나쳤다는 사실을 깨닫는다. 그러면서 갑자기 상대의 비난을 반박할 온갖 논리가 떠오르고, 모욕하는 상대에게 퍼부을 수 있었을 온갖 거친 말이 떠오른다. 그 상황을 되풀이해 떠올리며 어떻게 해야 좋았을지 세세한 부분까지 상상하고, 어떨 땐 상대에게, 또 어떨 땐 자기 자신에게 분노를 느끼지만 막상 다음번에 또 그런 일이 생기면 다시 똑같이 마비되어 상대의 공격에 속수무책이 된다.

무력감은 사물을 마주할 때도 나타난다. 그래서 익숙하지 않다면 어떤 상황에도 어찌할 바를 모른다. 낯선 도시에 가면 혼자서는 도저히 길을 찾지 못할 것 같은 기분이 들고, 자동차가 고장 나면 어디가 문제인지 살펴보려는 시도조차 하지 못한다. 등산하다가 작은 시냇물을 만나면 건너뛰어야 하지만 온몸이 완전히 마비된 것 같아 뛸 수 없고, 상황상 그래야 하는데도 이부자리를 펴거나 밥을 할 수 없다. 우리가 매우 비실용적이거나 미숙하다고 부르는 행동이 사실은 무력감 때문인 경우도 드물지 않다. 고소공포증 역시 무력감이 원인인 경우가 적지 않다고 추정한다.

무력감은 자신과의 관계에서도 나타난다. 아니, 어쩌면 개인에게 가장 지대한 영향을 미치는 무력감은 이것일지도 모른다. 그중 한 가지가 내면에서 일어나는 충동과 불안에 대처하지 못하는 무능력이다. 이런 사람에겐 충동과 불안을 통제하려는 노력이라도 해볼 수 있다는 믿음 자체가 아예 없다. 그의 모토는 이렇다. "난 원래 그래. 절대 바꿀 수 없어." 자신을 바꾸는 것보다 더 불가능한 일은 없는 것 같다. 이런저런 성격 때문에 얼마나 괴로운지 한탄하고 푸념하는 것으로 인생을 다 보낼 수도 있다. 혹은 자신을 바꿀 각오가 되었다며 자랑을 늘어놓을 수도 있지만, 자세히 들여다보면 오히려 그 때문에 더 끈질기게 아무것도 바꿀 수 없다는 확신에 집착한다는 사실을 알 수 있다. 이러한 무의식적 확신과 의식적인 보상 활동의 격차가 터무니없을 정도로 크게 벌어지는 경우도 많다. 그래서 이들은 이 병원 저 병원을 전전하고, 이런 종교나 철학, 저런 종교나 철학을 좇으며 어떻게 하면 자신을 바꿀 수 있을지 궁리해 매주 새로운 계획을 세우고, 엄청난 변화를 가져다줄 애정 관계를 기대하지만, 이 모든 활동과 의도적 노력은 그저 깊디깊은 무력감을 가리는 우산에 불과하다.

앞에서 말했듯 그는 자신의 소망이 이루어질 수 있으며, 자력으로 무언가를 이룰 수 있다고 믿지 않는다. 이런 부류의 사람은 항상 무언가를 기다리지만 자신은 그 결과를 위해 아무것도 할 수 없다고 깊이 확신한다. 이런 감정이 너무 심해져서 그 어떤 것도 바라거나 원하지 않게 되거나 자신이 애당초 뭘 원하는지조차 더 이상 모르게 되는 경우도 매우 흔하다. 보통은 자신의 소망이 있을 자리를 다른 고민이 꿰차서, 자신이 뭘 바라는지 고민하지 않고 남들이 자신에게 무엇을 바라는지만 고민한다. 가령 그의 고민은 이렇게 하면 아내가 화낼 것이고 저렇게 하면 아버지가 화낼 텐데 어찌해야 하나, 하는 식이다. 결국 그는 주변 사람이 화를 낼 것에 대한 염려를 가장 적게 해도 되는 방향으로 결정을 내리지만 원래 자신이 가장 하고 싶던 것이 무엇이었느냐는 질문은 아예 꺼내보지도 못한다. 그 결과 의식적이건 무의식적이건 타인에게 짓밟히는 듯한 기분이 들고, 그 사실에 화내지만 자신이 짓밟히게 한 장본인이라는 사실은 알지 못한다.

무력감을 깨닫는 정도는 무력감의 강도와 마찬가지로 사람에 따라 편차가 크다. 무력감을 그 자체로 인식하는 경우도 적지 않지만, 이는 중증 신경증인 경우다. 중증 신경증의 경우엔 능력과 사회적 기능이 크게 제한되기에 굳이 억지로 무력감이 아니라고 자신을 속일 필요가 없다. 무력감을 완전히 자각했을 때 밀려드는 정신적 고통의 크기는 아무리 강조해도 지나치지 않다. 깊은 불안, 자기 인생이 무의미하다는 기분이 규칙적으로 밀려온다. 하지만 중증 신경증 환자가 설사 무력감을 그 자체로 의식하지 못한다 해도 무력감은 동일하게 작용한다. 무의식적 무력감을 의식 차원으로 끌어올려 그 후유증과 연결 지으려면 대단히 까다로운 정신분석 작업이 필요하다. 하지만 무력감을 의식하는 경우에도 보통은 분석 과정에서 그것이 전체 무력감의 작은 일부에 불과하다는 사실이 밝혀진다. 대부분은 깊은 불안이 무력감을 동반하기 때문에 무력감을 매우 약화된 형태로만 의식하게 되는 것이다.

고통스러운 감정을 극복하려는 첫 번째 노력은 무력감의 정당성을 설명하는 여러 가지 합리화다. 이 중 가장 중요한 몇 가지 합리화는 다음과 같다. 첫째, 자신이 무기력한 이유는 신체적 결함 탓이다. 몸이 허약해 과로하면 안 되고 이런저런 신체적 결함이 있어 '아프다'고 우긴다. 그런 핑계로 사실은 심리적 이유인 무력감을 자기 책임이 아니며 원칙적으로 절대 바꿀 수 없는 신체적 결함 탓으로 돌릴 수 있다. 또 다른 형태의 합리화는 특정한 인생 경험으로 너무나 큰 상처를 입었기에 모든 활동성과 용기를 빼앗겼다는 확신이다. 어린 시절의 특정한 경험, 불행했던 사랑, 경제적 파산, 친구에 대한 실망을 무력감을 낳은 원인으로 보는 것이다. 정신분석 이론을 단순화한 오해가 많은 관점에서 합리화를 부추겼다. 그래서 많은 사람들이 그것을 핑계 삼아 세 살 때 엄마에게 맞았거나 다섯 살 때 오빠에게 놀림당했기 때문에 무력해졌다고 믿는다. 악영향이 특히 심한 또 다른 형태의 합리화가 있다. 상상으로, 혹은 실제로도 문제를 자꾸만 만들어 실제 상황이 절망적이기에 속수무책일 수밖에 없는 자신의 심정을 납득한다고 느끼려는 성향이다. 가령 다음 같은 일이 벌어진다. 한 공무원이 보고서를 작성해야 하는데 도저히 업무를 처리할 수 없을 것 같은 기분이 든다. 책상 앞에 앉아 자신이 무능하다는 기분에 젖어 있는 동안 머릿속으로 이러다 일자리를 잃을까 봐, 아내가 아플까 봐, 친구가 너무 오래 연락을 안 했다고 화낼까 봐, 방이 너무 추울까 봐 불안하다는 생각이 스쳐 지나간다. 결국 그는 엄청난 어려움 앞에서, 무력감이 지극히 자연스럽고 적절한 항복처럼 여겨질 때까지 그런 슬프고 절망적인 상황을 마구 지어낸다. 상황을 악화시키는 성향이 상상에 머물지 않고 실제 행동으로 확장될 경우 더욱 치명적이다. 당사자는 정말로 병들고, 상사를 자극해 실제로 상사가 그를 해고하게 만들며, 아내와 언쟁을 벌여 하루 종일 집안 분위기를 불편하게 만들고, 이 모든 것이 성공할 경우 견딜 수 없는 외부 상황으로 미루어 볼 때 자신의 무력감은 타당하다고 보는 것이 지극히 정당하다고 느낀다. 여기서 설명한 성향, 즉 상상이나 현실에서 자신에게 고통을 주고 스스로를 나약하고 불행하게 만드는 성향에는 분명 또 다른 원인이 있다. 그러나 그것을 언급하면 마조히즘 문제로 넘어갈 것이고, 그 문제는 여기서 상세히 살펴볼 수 없다(프롬, 1936a, GA I, 139~187쪽; 호르니, 1937 참조). 하지만 자신의 무력감을 변호하는 합리화는 분명 상상이나 현실에서 자신의 고통을 증가시키려는 성향의 여러 요인 중 하나다.

또 다른 합리화 집단은 앞에서 언급한 경우보다 무력감을 덜 의식할 때 나타난다. 합리화는 정당화의 성격보다 위로의 성격을 띠고 자신의 무기력이 일시적일 뿐이라는 희망을 일깨우는 데 기여한다. 이런 위로 성격의 합리화 중 가장 중요한 두 가지 형태는 기적과 시간에 대한 믿음이다. 기적에 대한 믿음은 외부의 사건으로 갑자기 자신의 무기력이 사라지고 성공, 능력, 권력, 행복을 바라는 모든 소망이 이루어질 것이라는 상상이다. 이러한 믿음이 나타나는 형태는 극도로 다채롭다. 흔한 형태인 새로운 애정 관계, 다른 도시나 집으로의 이사, 새 양복, 새해는 물론 글이 더 잘 써지는 백지 한 장에 이르기까지 외부 상황이 급격한 변화를 몰고 올 것이라는 기대다. 종교가 있는 사람의 경우 기적에 대한 믿음은 신이 갑자기 운명에 개입하는 형태를 띨 때가 많다. 또 하나의 형태는 어떤 사람 때문에 자신의 운명이 바뀌리라는 믿음이다. 흔한 (앞에서 언급한) 한 가지 사례가 이 병원 저 병원을 전전하면서 매번 그곳의 의사가 기적을 가져다줄 것이라고 기대하는 사람들이다. 위로가 되는 이 모든 상상의 공통점은 자기 자신은 원하는 성공을 위해 아무것도 할 필요가 없을뿐더러 아무것도 할 수 없고, 외부의 힘이나 상태가 갑자기 바라던 것을 이루어준다는 것이다.

기적에 대한 믿음의 특수한 형태가 있다. 자신의 활동 덕분이라는 착각을 의식에 심어주는 마법 행위가 인과적 영향의 자리를 꿰차는 경우다. 마법적 제스처의 내용은 아주 다양하다. 거지에게 동냥하고, 나이 든 친척 아주머니를 찾아뵙고 자신의 의무를 정확하게 감당하거나 일을 시작하기 전에 3에서 30까지 센다. 어쨌건 기대는 항상 동일하다. 내가 이런저런 행동을 하면 만사가 바라는 대로 바뀔 것이다. 모든 마법 행위가 그러하듯 순전히 주체의 생각에서만 존재하는 인과관계가 객관적 영향을 대체한다. 자신이 특정 행위를 마법적 제스처의 의미로 하고 있다는 사실을 당사자가 전혀 의식하지 못하는 경우도 많고, 특히 강박신경증 환자의 경우 마법적 제스처는 극도로 고통을 주는 의식으로 변질될 수 있다. 강박신경증의 특징 중 하나가 바로 심한 무력감을 나름대로 극복하기 위해 마법적 제스처를 활용한다는 것이다.

시간에 대한 믿음에서는 변화의 돌연성이라는 요소가 사라진다. 그 대신 '시간이 가면' 모든 것이 절로 해결되리라는 기대가 있다. 스스로 해결할 수 없다고 느끼는 갈등도 굳이 나서 결단의 위험을 감수하지 않아도 시간이 알아서 해결해줄 것이라 기대한다. 특히 자신의 능력과 관련해 이런 시간에 대한 믿음을 자주 발견할 수 있다. 사람들은 이루고 싶은 일을 전혀 이루지 못했으며 그럴 준비조차 마치지 못했다는 사실을 잊기 위해 아직 시간이 많으니 서두를 이유가 없다고 생각한다. 이러한 메커니즘 중 한 사례가 재능이 매우 뛰어난 작가다. 그는 자기 말마따나 세계문학의 최고 걸작이 될 책을 쓰려 하지만, 쓰고 싶은 내용에 대해 이런저런 생각을 하고 자신의 책이 얼마나 커다란 영향을 미칠지 상상에 빠져들며 친구들에게 거의 다 썼다고 떠벌리는 것 말고는 하는 일이 없다. 벌써 7년 동안이나 책 '작업'을 했지만 실제로는 한 줄도 쓰지 못했다. 그런 사람은 나이가 들수록 시간이 알아서 해결해주리라는 상상에 발작하듯 매달릴 수밖에 없다. 많은 경우 일정한 연령(흔히 40대 초반)에 도달하면 각성해 상상을 포기하고 자력으로 해결하려 노력하거나 위안을 주는 시간의 망상 없이는 삶을 견딜 수 없기에 신경증에 빠져들고 만다.

위로하는 합리화의 세 번째 형태는 무력감의 억압이다. 이는 무력감을 희미하게 의식은 하지만 극복할 수 있다는 희망으로 그 뾰족한 가시가 무뎌지는 경우에 나타난다. 이 경우 무력감은 과도한 보상 행동과 은폐 목적의 합리화로 대체된다. 과보상의 가장 흔한 사례가 분주함이다. 깊은 무력감을 억압한 사람은 남보다 더 활동적이고 분주하다. 자신이나 다른 사람들이 그를 무기력한 인간과는 거리가 멀다고 생각할 정도로 매우 활동적이고 분주하다. 그런 사람은 항상 무슨 일이든 해야 한다. 자기 지위가 위험하다고 느끼면 그들은 앞에서 설명한 대로 행동하지 않는다. 그 무엇도 시도할 수 없는 자신의 무능력을 입증하기 위해 문제를 자꾸 만들지도 않고, 기적이 일어나리라는 상상에 빠져 허우적거리지도 않는다. 그들은 이리저리 뛰어다니고 이 일 저 일을 벌여 위험을 막기 위해 극도로 활동적이라는 인상을 일깨운다. 만일 학술 논문을 써야 한다면 몽상에 젖어 책상 앞에 죽치고 앉아 있지 않고 도서관에서 10여 권의 책을 빌리고 중대한 의견을 내놓을 수 있는 온갖 전문가들과 인터뷰하고 어떤 문제를 연구하기 위해 여행하면서 기대하는 성과를 내기에는 자신이 무력하다는 깨달음을 외면한다. '모임이라면 목숨을 걸고', 하루 종일 남 걱정하느라 바쁜 것은 물론이고 카드 게임이나 하염없는 수다 역시 또 다른 형태의 가짜 활동성이다. 가짜 활동성과 진짜 활동성은 구분하기 매우 힘들 때가 많다. 일반적으로는 이렇게 말할 수 있다. 분주함은 항상 해결해야 할 문제에 비해 부차적인 것에까지 뻗어나가며, 정작 해결해야 할 과제의 근본 특성과는 관련이 없다. 신경증 환자의 경우 현실에 잘 적응한 건강한 사람보다 훨씬 더 쉽게 진짜 활동성과 분주함의 대립을 알아볼 수 있다. 보통 신경증 환자가 해결해야 하는 과제는 근본적으로 정해진 관행만 잘 따르면 실행할 수 있기에 진짜 활동성이 전혀 필요 없는 것이다. 시민계급의 평균인은 어릴 적부터 관행에 따라 과제와 문제를 해결하도록 훈련받았고, 아무도 그에게서 그와 다른 것을 기대하지 않기 때문에 실재하는 자신의 무기력을 인식한다 해도 극단적일 정도로 바보 같은 분주함으로 은폐할 만큼 고통스러워하지 않는다. 사회적 기준으로 보면 활동성으로 보이는 것이 심리학적으로 보면 분주함으로 보일 수도 있다. 또 어떤 행동을 이 범주에 포함시키느냐 저 범주에 포함시키느냐를 두고 도무지 의견 일치를 볼 수 없는 경우도 많다.

무력감에 대한 조금 더 과격한 반응으로는 물불을 가리지 않고 통제하고 지휘하려는 노력을 꼽을 수 있다. 많은 경우 이러한 소망은 순전히 상상에만 머문다. 기업이나 대학을 실제 대표보다 훨씬 더 잘 이끌어나가는 자신을 상상하고, 한 국가 혹은 전 인류의 독재자가 된 자신을 상상하며 탐닉한다. 상상이 정교한 수준에 이르지 못하고 모호해 당사자가 잘 깨닫지 못하는 경우도 있다. 그런 경우 그는 만나는 모든 사람보다 자신이 우월할 것이라는 기대감만 가끔 인식하고, 이런 기대마저 억압될 경우 자기보다 잘난 사람을 만날 때마다 분노의 반응을 보일 것이다. 이 분노 반응마저 억압되면 자기보다 잘난 사람들에게 약간의 거부감과 수줍음을 느낄 뿐, 그것 말고는 눈에 띄는 점이 없을 것이다. 하지만 이런 과대망상이 정교하건, 당사자가 의식했건 그 여부와 관계없이 그것의 빈도와 강도는 자주, 강하게 나타난다고 볼 수 있을 것이다. 특히 시민계급 중산층에서 이런 현상이 나타나며, 지식인에게서는 더욱더 그렇다. 그 사람들은 연신 각성을 해서 그런 꿈에서 깨어나기 때문에 무력감을 보상하는 과대망상의 기능은 매우 불완전할 수밖에 없다. 통제와 권력을 향한 욕망이 상상에 멈추지 않고 현실에서 행동으로 표현될 경우에는 사정이 다르다. 실제의 대규모 무기력을 소규모 권력으로 대체할 수 있다면 일생 균형이 유지될 수도 있다. 가장 흔한 사례가 유럽 소시민계급에서 특히 많이 볼 수 있는 남자들이다. 이들은 실제 사회경제적 영역에서는 완벽하게 무기력하면서도 아내나 자식, 강아지한테는 권력을 휘두르고 통제하려는 강한 욕망을 품고 실현하고 충족시킬 수 있다. 일반적으로 신경증 환자들은 세상을 무력한 영역과 권력이 있는 영역으로 구분할 수 없다. 모든 상황에서 통제와 권력의 욕망을 느끼므로 그 욕망을 펼칠 수 없는 상황이라고 해서 달라지지 않는다. 그래서 상사의 존재를 견디지 못하고, 항상 무엇이든 남보다 더 잘 알고 잘한다고 느끼며, 모든 대화를 주도하려 하고, 모든 모임에서 타인을 지배하고자 한다. 이렇듯 통제와 권력의 욕망이 강렬하므로 남들이 보기엔 전혀 부족한 것 같지 않은 상황도 그는 수치스러운 패배로 느낀다. 극단적인 경우 자신이 주도하고 통제하지 않는 상태를 패배와 무기력의 증거로 해석한다. 그 결과 **악순환**이 시작된다. 더 강해진 통제와 권력의 욕망은 무력감에 대한 반응이지만 동시에 무력감을 더욱 키우기도 한다.

다른 억압이 그렇듯 무력감도 억압하면 의식에서 그 감정이 제거되기는 하지만 그렇다고 그 감정이 존재하며 특정 영향을 미치는 것까지 막지는 못한다. 그 영향의 종류는 무력감을 의식하느냐 못하느냐에 달려 있지만, 영향의 강도는 본질적으로 오직 무력감의 강도에 달려 있다.

무력감의 가장 중요하고 일반적인 결과는 분노다. 무엇보다 무기력이 특징인 분노다. 그것의 목적은 다른 종류의 분노와 달리 뚜렷한 목표 의식 아래 적극적으로 적을 깨부수는 것이 아니다. 이 분노는 훨씬 더 모호하고 불분명하지만, 훨씬 더 파괴적으로 외부 세계와 자기 자신을 공격한다. 어린아이는 분노를 표현하기 위해 발버둥 치고 어른은 눈물을 흘리지만 때로는 그 어떤 목적이나 행동과도 연관성이 없는 분노 발작을 일으키기도 한다. 하지만 보통은 그 무기력한 분노를 당사자가 의식하지 못한다. 또 반항과 고집으로 분노를 표현하고 대체하는 경우도 흔하다. 이러한 반항은 매우 의식적일 수 있다. 그 어떤 명령도 따를 수 없고 사사건건 반대할 수밖에 없으며 매사 불만인 사람들이 여기에 해당한다. 반항이 무의식적일 수도 있는데, 그러면 보통 일반적인 거부의 이미지가 생겨난다. 그런 경우 당사자는 활동적이려고, 타인이나 자신의 기대를 따르려고 최선을 다한다. 하지만 아무리 뜻이 있다 해도 항상 의욕이 없고 기분이 언짢으며 도무지 자발적이지 않다. 분노와 반항이 의식에서 억압되는 데 그치지 않고 그 뿌리가 부러지거나 휠 때는 과도한 친절과 순응으로 표현되는 반응이 종종 나타난다.

분노의 결과는 항상 불안이다. 분노가 억압될수록 불안도 커진다. 그것의 원인인 복잡한 메커니즘에 대해서는 상세히 다룰 수 없다. 다만 자신의 분노를 타인에게 투영하는 것이 가장 중요한 메커니즘이라는 점은 강조하고 싶다. 자기 분노를 확실히 억압하기 위해 '내가 남들에게 화난 것이 아니라 남들이 나한테 화가 났다'라는 모토로 표현할 수 있을 만한 감정이 탄생하는 것이다. 그 결과는 남들의 미움과 구박을 받는다는 기분이 들며, 불안으로 이어진다. 분노를 억압하는 이러한 간접적 방식도 있지만 무력감에서 곧장 생겨나는 불안도 있다. 자신의 목표를 달성할 수 없고, 특히 남의 공격을 막을 수 없다는 기분은 어쩔 수 없이 끊임없이 새로운 불안을 자아낸다. 무력감이 불안을 낳고 불안이 다시 무력감을 키운다. 이러한 악순환 탓에 한번 시작된 무력감은 차츰 사라지기는커녕 점점 더 커져 흡사 걸음을 내디딜 때마다 점점 더 수렁으로 깊이 빠져드는 것과 같다.

무력감과 그것을 은폐하는 다양한 형태 혹은 극복하려는 시도를 관찰하기에 특히 유리한 상황이 바로 정신분석 상담이다. 이런 종류의 내담자 대부분은 정신분석가에 연신 강조한다. 자신은 나이가 너무 많고, 신경증이 가족 내력이며, 정신분석을 장기적으로 받을 시간이 없고 그 밖에도 온갖 이유 때문에 자신은 절대 변할 수 없다고 말이다. 하지만 이렇게 무력감이 들지만 정신분석을 해봤자 소용없을 것이라고 솔직하게 털어놓는 환자보다는 어느 정도 낙관론과 긍정적 기대가 의식을 지배하는 사례가 더 흔하다. 그런 내담자는 변하고 싶고 변할 수도 있다고 느끼지만, 조금 더 자세히 들여다보면 사실 다른 모든 것은 다 기대해도 오직 하나, 변화를 위해 스스로 무언가 할 수 있다는 기대만은 하지 않는다는 것을 알 수 있다. 그의 기본적인 기대는 정신분석가나 '정신분석'이 반드시 결정적인 역할을 해줄 것이며 그는 기본적으로 이 과정을 수동적으로 참고 견딜 수 있다는 것이다. 실제로는 그 어떤 변화도 믿지 않지만 앞서 설명한 위로의 합리화로 그 불신을 은폐한다. 그는 '유아기 트라우마'만 밝혀지면 아주 갑자기 큰 변화가 찾아올 것이라 기대한다. 혹은 시간을 아주 많이 잡아서 지난 5년 동안 정신분석을 받아도 소득은 없지만 변화가 가능할 만큼 오래 분석을 받지 않아서 그렇다고 느낀다. 우리는 정신분석 중에도 은폐와 과도한 보상을 목적으로 하는 분주함을 발견한다. 그런 내담자는 시간을 칼같이 지키고 손에 넣을 수 있는 모든 자료를 읽고 모든 친구들에게 정신분석을 받는다고 광고를 하며 '분석에 좋다'는 이유로 이런저런 계획을 세운다. 하지만 이 모든 일은 자기 인성의 근본 문제를 바꿀 각오도, 능력도 없다는 사실을 스스로에게 숨기기 위함이다.

'마법적 제스처'를 의미하는 행동이 이와 밀접하게 관련되어 있다. 마법적 제스처에 큰 의미를 부여하는 내담자는 특히 '모든 일을 제대로 하는' 데 촉각을 곤두세운다. 분석가의 지시를 정확히 따르고 분석가가 정한 규칙과 규정이 많을수록 더욱 만족한다. 그는 정신분석 의례를 충실히 따르기만 하면 마법처럼 자신의 인성이 바뀔 것이라 생각한다.

잠시 정신분석 기술의 문제점을 짚어보려 한다. 앞에서 언급한 가정, 즉 비록 약화된 형태라 해도 우리 문화의 아주 많은 사람들이 무력감을 느낄 것이라는 가정이 옳다면 정신분석가 중에도 당연히 그런 사람이 있을 것이다. 그런 경우엔 환자도 자신은 근본적으로 바뀔 수 없다고 확신하지만 분석가 역시 비록 완전히 무의식적이긴 하지만 자신이 누구에게도 영향력을 미칠 수 없다는 확신을 품고 있다. 그가 의식하는 직업적 낙관론 뒤에는 인간에게 영향을 미쳐 변화를 일으킬 가능성에 대한 깊은 불신이 숨어 있다. 따라서 그는 정신분석 치료가 인간의 영향을 통해 이루어진다는 사실을 솔직히 고백하길 꺼린다. 물론 내담자에게 특정한 세계관이나 행위를 유발한다는 의미의 영향은 아니다. 하지만 그는 교육이 그러하듯 치료는 항상 영향을 전제로 하며, 그 영향을 공포증 환자처럼 기피하는 곳에서는 치료도 절대 성공할 수 없다는 사실을 잊고 있다. 많은 정신분석가가 자신의 무력감을 마법적 제스처를 통해 은폐하려 한다. 많은 내담자가 그러하듯 분석가 역시 정신분석의 의례를 정확히 지키는 것이 치료 과정의 요점이라고 생각하는 것 같다. 프로이트가 정한 모든 규칙을 충실히 따르기만 하면 할 수 있는 일은 다했으므로 환자에게 영향을 미칠 수 없는 자신의 현실적 무기력을 굳이 의식으로 불러올 필요가 없는 것이다. 그러므로 이런 유형의 분석가가 정신분석 의례를 특별히 중시하는 것은 결국 그 자신의 무력감 탓이라고 가정하고자 한다. 의례가 환자에게 미치는 실질적 영향을 대체하는 마법의 수단이 되는 것이다.

정신적 메커니즘의 발생 조건을 설명하려면 항상 어려움이 따르듯 무력감의 발생 조건을 설명하는 데도 똑같은 어려움이 있다. 그 메커니즘의 '원인'이라 부를 수 있는 단순한 조건이 존재하지 않기 때문이다. 개인의 정신적 메커니즘을 작동시키는 조건을 완벽하게 이해하기 위해서는 한 사람이 살아가는 외부 상황의 전체 구도와 외부 세계에 대한 반응으로 펼쳐지는 성격 구조의 복잡한 역학을 알아야 한다. 무력감의 발생 조건을 원칙적으로 설명하려는 노력, 특히 마조히즘의 기본적 역할을 조사하려는 노력은 이 글의 범위를 벗어난다. 이 모든 무의식적 성향의 **원인이 되는** 요인까지 분석하지는 않는다 해도 무의식적 메커니즘을 설명하고 합리화, 반응 등의 의미에서 이 메커니즘의 다양한 결과를 조사하는 것은 일반적으로 봐도 방법론적인 타당성을 갖추었다고 생각한다. 하지만 뒤에서 그 요인을 다룰 때는 **직접적** 방식으로 무력감을 불러일으키고 기존 무력감을 더 키우는 상황에만 한정할 것이다. 물론 이런 제한을 둔다 해도 대략 발생 조건의 개요를 설명할 것이다.

무력감과 그 결과의 현상을 설명하면서 주로 신경증의 형태를 다룬 이유는 그것이 '정상적' 형태보다 더 선명한 이미지를 제공하기 때문이다. 그러나 무력감을 발생시키는 조건을 설명할 때는 일반적으로 시민사회에 존재하는 조건에 머무는 편이 더 유익할 것이다. 그 조건은 심화된다면 개별 경우에 앞에서 설명한 무력감의 신경증적 현상 형태로 발전하지만, 평균적으로 나타날 때는 시민계급의 특성에 기반한 정상적인 무력감의 조건으로 봐도 좋을 것이다.

무력감처럼 깊이 자리 잡은 강렬한 감정은 나이가 들어야 나타나는 것이 아니라 아주 어린 시절의 체험 탓에 발생한다고 예상할 수밖에 없다. 그 예상은 우리가 주목하는 관점으로 시민계급 가정에서 자라는 아동의 상황을 바라볼 경우 곧바로 맞아떨어진다. 아이를 대하는 어른의 태도는 근본적으로 진지하지 않다는 특징이 있다. 아이를 방임하거나 학대하는 경우는 누가 봐도 이러한 사정을 알 수 있다. 부모는 아이가 아무 가치가 없다고 의식적으로 생각하고, 아이의 독자적 의지와 인성을 억압하려 하며, 아이는 마음대로 해도 되는 의지 없는 도구이므로 절대 아이의 의견을 허용하지 않는다. 극단적인 경우 아이가 바라는 바를 말하려는 기색만 보여도 벌을 준다. 그러니 이런 상황에는 아이가 스스로 무언가를 지시하고 부모의 결정에 영향을 미치고 독립적으로 무언가 이룬다는 것은 상상도 할 수 없는 일이다.

아이를 너무 예뻐하고 응석받이로 키우면서 진지하게 대접하지 않는 양육 태도 역시 문제점을 파악하기는 더 힘들지만 문제의 심각성은 앞의 행동 못지않다. 그런 아이들은 보살핌과 보호를 받지만 자신의 힘을 한껏 펼치며 자신에게 힘이 있다고 느끼지 못한다. 필요한 것은 모조리 넘치도록 얻고, 모든 것을 바랄 수 있으며, 바라는 것을 다 말할 수도 있다. 하지만 그들의 상황은 근본적으로 포로로 붙잡힌 왕자와 같다. 왕자 역시 넘치도록 누리고 명령을 들어줄 시종도 많다. 하지만 그 모든 것은 현실이 아니고 가짜다. 그의 명령은 감옥의 틀을 넘지 않는 선에서만 유효하기 때문이다. 그의 모든 권력은 망상이다. 자신이 포로라는 생각을 전혀 하지 않고 자유를 찾겠다는 바람이 전혀 없을 때 가장 잘 유지될 수 있는 망상이다. 시종에게 한마디도 어기지 말고 시중들라고 명령할 수는 있지만 그를 가둔 성의 문을 열라는 명령을 내리면 시종은 아무 말도 못 들은 척 행동할 것이다. 하지만 그렇게 응석받이로 자란 극단적인 경우의 아이건, '사랑으로' 보살핌받은 평균적인 아이건, 정도의 차이는 있겠지만 진지하게 대접받지 못하는 것은 마찬가지다. 두 경우 모두 아이는 자기 권한으로는 아무것도 지시할 수 없고 이룰 수 없으며 아무런 영향도 미칠 수 없고 아무것도 바꿀 수 없다. 얌전하게 말을 잘 들으면 원하는 것을 얻을 수는 있지만 그에게 주어지지 않은 것은 아무것도 얻지 못하며 어른이 개입하지 않으면 아무것도 이룰 수 없다.

아동을 진지하게 대접하지 않는 태도는 보통 첫눈에 띄는 극적인 형태를 띠지 않는다. 여기서 말하는 영향을 이해하려면 어른들의 행동에 담긴 아주 교묘한 특징을 찾아야 한다. 아이가 독자적인 의견을 말하거나 행동을 할 때 어른의 얼굴에 알 듯 말 듯 살짝 떠오르는 미소는 아이의 의지를 부수려는 가장 난폭한 시도 못지않게 충격적인 작용을 할 수 있다. 그렇다. 흔히 볼 수 있듯, 부모가 적대적 행동을 보이고 아이 역시 반항심을 키워 부모에게서 떨어져 나가 독자적인 삶을 살아야 할 시점에 부모의 친절이 모든 원칙적 반항심의 발전을 가로막아 아이를 점점 더 무능하고 무력하게 만드는 것이다. 정신분석을 받다가 문득 어릴 적 느낀 무력한 분노가 떠오르는 경우가 종종 있다. 부모가 필요 이상으로 오랫동안 등굣길을 따라다니고 옷 입는 것을 도와주었을 때, 어떤 옷을 입을지, 언제 옷을 많이 입을지 얇게 입을지 마음대로 결정할 수 없었을 때 느낀 무력한 분노 말이다. 아이를 진지하게 대접하지 않는 태도는 또 다른 여러 전형적 행동 방식으로도 표현된다. 아이에게 한 약속을 지키지 않고 특정 질문은 흘려듣거나 거짓으로 대답한다. 또 아이에게 이유도 말하지 않은 채 명령을 내린다. 물론 이러한 행동이 친절할 수도 있지만, 아이는 어른이 자신을 염두에 두지 않으며 근본적으로 자신의 뜻에 반하는 모든 것을 할 수 있다는 기분에서 헤어나지 못한다. 설사 약속을 지키고 대답을 하더라도 어른이 자기 행동이 특별하게 친절하거나 공손하다고 느끼는 경우 아이가 받는 인상도 그와 다르지 않다. 아이가 진지하게 대접받는다고 느낄 때는 어른이 존중하는 다른 어른을 대하듯 아이에게도 똑같이 책임감을 느끼고 성실하고 믿을 수 있게 행동할 때뿐이다. 여기서 설명한 아이의 상황을 상징하는 장난감이 있다. 바로 장난감 전화기다. 장난감 전화기는 진짜 전화기와 똑같이 생겼다. 아이는 수화기를 들어 번호를 누를 수 있다. 다만 그 누구와도 연결되지 않는다. 아이는 누구와도 연락할 수 없다. 전화하는 어른과 똑같이 행동했음에도 그의 행위는 그 어떤 결과도 영향력도 없다(현대 교육학은 여러 조치를 통해 아이에게 진지하게 대접받는다는 기분을 전해주고자 시도하고 있다. 하지만 여기서 이런 조치의 효과에 대해 토론하지는 않겠다).

아이를 진지하게 대접하지 않는 이러한 극단적 사례가 개인의 상황 탓일 수도 있겠지만, 그 뿌리는 사회 전체와 그로 인한 정신적 상태다. 아이를 삶의 현실과 완전히 괴리시키는 것이 그 첫 번째 요인이다. 물론 프롤레타리아나 농민의 아이들은 정도가 훨씬 약하다. 하지만 시민계급 아이들은 현실과 접촉하지 못하도록 확실하게 보호받는다. 그러면 아이의 세계는 어쩔 수 없이 공상, 유령 같은 성격을 띠게 된다. 아이는 겸손과 겸허, 이웃 사랑의 덕목을 배운다. 대다수는 현실에 순응할 수 있어야 하고 자신의 행복추구권을 축소하고 일정 정도는 실제로 그 덕목을 실천해야 한다. 하지만 나중에 자라 유능한 상인이 되거나 다른 종류의 성공한 사람이 될 소수의 집단은 이런 규칙을 지키지 않아도 된다. 성공을 원한다면 많은 것을 요구하고 인정머리가 없어야 한다. 이러한 성공의 비밀, 아이들에게는 잊어버리라고 설교하는 이 모든 비밀을 '엘리트'의 자식들은 제때 찾아낸다. 다수의 대중은 이 비밀을 몰라야 한다. 따라서 대부분은 평생 어리둥절하고, 사회에서 실제로 무슨 일이 벌어지는지 전혀 이해하지 못한다. 또 많은 수의 사람들이 성공하고픈 욕망과 어린 시절에 배운 이상을 실천하고픈 욕망의 괴리를 견디지 못하고 신경증 질환을 앓는다. 아이를 대하는 어른의 태도로 미루어 볼 때 아이가 진지한 대접을 받을 수 없는 것은 당연한 결과다. 아이는 아직 어리석기 때문이다. 다시 말해 어른들의 인생 게임 규칙을 전혀 알지 못하기 때문이다.

아이는 병자나 노인과 마찬가지로 진지하게 대접받지 못한다. 비록 양쪽에 적용하는 이데올로기는 정반대라도 말이다. 시민사회에서 인간의 가치는 경제적 능률에 바탕을 둔다. 한 사람에게 돌아가는 존중의 정도는 그의 경제적 생산력의 정도에 좌우된다. 경제적으로 어떤 잠재력도 없는 사람은 결국 인간적으로도 주목받지 못한다. 노인이나 병원에서 환자를 대하는 태도를 조금 더 세심하게 관찰해보면 똑같은 감정의 수위를 아이를 대하는 행동 방식에서도 발견하게 될 것이다. 냉혹한 무시에서 과도하게 친절한 도움에 이르기까지 모든 감정의 수위를 발견할 수 있다.

이처럼 아이를 진지하게 대접하지 않는 이유는 아이의 생물학적 무능력 때문이다. 분명 아이는 제법 오랫동안 무능력하며 어른에게 의존한다. 그런데 이런 무능력이 어른들의 마음에 기사도 정신이나 모성애만 일깨우는 것은 아니다. 오히려 이런 무능력을 이유로 아이를 의식적·무의식적으로 무시하고 멸시하려는 성향을 더 많이 일깨운다. 보다 넓은 의미에서 사디즘적이라 부를 수 있을 만한 이런 성향은 사회화 과정에서 어른들이 맡은 역할에 그 원인이 있다. 자신이 전혀 통제할 수 없는 힘의 손아귀에 들어가 있는 사람은 이런 무력감을 보상하기 위해 자신보다 약한 사람을 대상으로 강하고 우월하다고 느끼려는 성향을 키운다. 대다수 사례에서 사디즘은 그 자체로 의식되지 못하고 그저 아이의 생물학적 무능력을 과도하게 강조하는 성향과 아이를 진지하게 대접하지 않는 태도로만 나타난다.

아이의 무력감이 탄생하는 조건은 더 높은 차원이긴 하지만 어른의 삶에서도 그대로 반복된다. 물론 어른의 경우는 누가 봐도 알 수 있게 대놓고 무시하지는 않는다. 반대로 어른은 그가 진정으로 바라고 노력하기만 한다면 원하는 모든 것을 이룰 수 있다는, 성공도 실패도 다 그의 책임이라는 말을 듣는다. 삶은 우연이 아니라 자신의 재능, 근면, 에너지가 승패를 가르는 거대한 게임이라고 말이다. 이러한 이데올로기는 실제 상황과 극심하게 대비된다. 우리 사회의 평균적인 성인은 실제로 매우 무기력하다. 원래는 완전히 달라야 하며, 그가 이렇게 약한 것은 다 그의 책임이라고 믿을수록 이러한 무기력은 더욱 심한 압박으로 다가온다. 그에게는 자기 운명을 좌우할 힘이 전혀 없다. 그가 어떤 능력을 개발할 수 있을지부터가 출생의 우연이 결정한다. 일자리를 구하기나 할지, 어떤 직업을 선택할 수 있을지도 본질적으로 그의 의지나 노력과는 아무 상관이 없는 요인이 결정한다. 심지어 파트너를 선택하는 자유조차 사회경제적 경계 때문에 제약받는다. 기분, 의견, 취향도 주입되며, 여기서 벗어나려는 그 어떤 일탈도 더 심한 고립으로 값을 치러야 한다. 세상이 활짝 열렸다는 착각으로 시작한 사람 중에서 어느 정도나마 독립과 경제적 안정을 이룬 사람의 비율이 얼마나 미미한지는 통계자료로 입증할 수 있다. 최근의 대량 실업과 전쟁 위험은 (적어도 유럽에서는) 개인의 실질적 무력감을 더 키웠다. 아직 일할 곳이 있고 참혹한 전쟁이 또 발발하지 않았으니 매일 감사할 줄 알아야 한다는 것이다. 개인은 정치 경제 상황에 아무런 영향도 미칠 수 없다. 권위주의 국가에서는 이러한 무력함이 의도적인 원칙으로 격상된다. 하지만 민주주의국가에서도 개별 구성원이 전체의 일부로서 사회의 운명을 결정한다는 이데올로기적 이념은 정치 경제 권력의 중심에서 멀리 떨어진 개인의 현실과는 너무나 동떨어진다.

시민계급은 자기 행동을 결정하는 정신적 동인을 알지 못하고, 시장경제에서 경제 발전을 결정하는 세력을 파악하지 못하기에 그것을 정체를 알 수 없는 운명의 힘이라고 생각한다. 현대사회에서는 다른 경제 형태와는 다르게 자신이 어떻게 돌아가는지 알기 위해 특별한 정치경제학이 필요하다. 마찬가지로 개인의 인성이 어떻게 작용하는지 알기 위해서는, 즉 자기 자신을 이해하기 위해서는 정신분석이 필요하다. 정치경제적 방식의 복잡한 과정은 물론이고 정신의 과정 역시 정체를 알 수 없기에 무력감은 극심해진다. 설사 자신은 어떻게 돌아가는지 안다고 생각한다 해도 이런 착각이 상황을 바꾸지는 못한다. 그는 여전히 사회에, 자기 자신에게 작용하는 기본적인 힘에 대해 무지하다. 100가지 일을 보고 이것저것에 매달리고 하나를 통해 전체를 이해해보려 애쓰지만 그래 봤자 연신 새로운 일에 놀라고 당황할 뿐이다.

　적극적으로 행동하고 자신과 사회의 운명에 영향을 미치려면, 첫 번째로 결정적인 힘과 상황을 바르게 깨달아야 한다. 부족한 깨달음과 무지는 개인을 무력하게 만들며, 그 무력함을 인식하지 않으려고 온갖 망상을 동원해 절망적으로 저항한다 해도 결국 개인은 내면에서 그 무력감을 인식하게 된다. 올바른 사회 이론과 개인에게 적용할 올바른 심리학 이론을 갖추지 못한 것은 무력감을 부르는 중요한 원인이다. 이론은 행동의 조건이다. 하지만 이론이 존재하더라도, 더 나아가 그 이론에 쉽게 접근한다 하더라도 인간은 아직 당장 적극적으로 행동에 나설 능력이 없다. 수백만이 원칙적으로 올바른 사회 이론을 갖추었어도 인간이 얼마나 숙명적으로 자신의 운명과 타협하는지 유럽의 상황이 매우 인상 깊게 보여준다. 심리적 과정을 이론적으로 알아봤자 인간을 바꾸는 데는 별 도움이 안 될 때도 같은 과정이 반복된다. 무력감을 느끼는 사람들은 근본적으로 이론에 큰 관심이 없다. 뭔가 달라질 수 있다는 기대를 하지 않기 때문에 어떻게 하면 달라질 수 있는지 설명하는 이론 역시 따분하고 중요하지 않다고 생각한다. 설사 깨달음을 얻었다고 해도 추상적 지식을 넘지 못한다. 학교에서 배운 역사 자료나 시 혹은 세계관처럼 정신적 자산에 머물고 만다.

  광범위한 대중과 그들의 지도자, 특히 지난 전쟁에서 패배한 나라의 심리적 자세를 살펴보면 앞에서 설명한 보상 메커니즘을 시간 순서대로 발견할 수 있다. 평화협정이 체결된 후 한동안은 정치사회 활동이 이례적으로 활발하게 이루어졌다. 사람들은 새 헌법, 새 상징, 새 법안을 만들었다. 특히 정치 지도층이 극도로 활동적이라는 인상을 풍겼다. 자신들은 실질적으로 일하는 사람이라고, 꿈을 꾸는 게 아니라 현실을 바꾸는 사람이라고, 마침내 '착수한' 사람이라고 선언했다. 많은 일이 일어났지만 근간을 뒤흔든 일은 전혀 일어나지 않았고 따라서 실질적 변화의 시작이라 부를 만한 일도 전혀 없었다. '착수'와 지도자의 열정은 (그 열정이 정직해 단순한 핑계와 계략이 아니었다면), 그리고 일정 정도까지는 대중의 활동성 역시 공허한 분주함으로 밝혀졌다. 진정한 변화를 이끌어낼 만한 진짜 활동성이 부족하고 무력했기 때문이다. 노력의 결과가 없자 곧바로 '시간에 대한 믿음'으로 넘어갔다. 노력의 결과를 거두지 못한 것은 성공을 기대하기엔 시간이 너무 촉박했기 때문이라고 느끼면서 인내심을 갖고 너무 조급해하지만 않는다면 큰 변화가 일어날 것이라 자신을 달랬다. 인내가 물신物神(신령이 깃들어 있다고 여겨 숭배의 대상이 되는 동식물이나 물건—옮긴이)이 되었고, 조급함은 큰 비난거리가 되었다. 하지만 점차 인정하지 않을 수 없었다. 바라던 방향으로 발전하기는커녕 정반대 결과가 나타났다는 사실을 말이다. 처음의 돌진으로 이루었던 것들이 느리지만 확실히 종적을 감추었다. 시간에 대한 믿음을 고수할 수 있으려면 실제로 무슨 일이 일어났는지 깨닫지 않으려 고개를 돌려야 했다. 그런 후 차츰차츰 시간에 대한 믿음의 자리를 기적에 대한 믿음이 꿰차기 시작했다. 사람들은 인간의 노력이 변화를 일으킬 수 있을까 의심했고, '신성한' 지도자와 상황의 '전환'에 모든 것을 걸었다. 무엇을 바꾸고 싶은지, 어떻게 바꿀 수 있는지 알려 하지 않았고 비록 내용에 공감하지 못한다 해도 아무 일도 없는 것보다 뭐든 급격한 변화가 있는 게 낫다고, 그래야 최소한 자신들이 노력했으나 실패한 일을 이룰 가능성이 있으리라고 믿었다. 종류를 불문하고 격변의 희망은 권위주의 국가의 승리를 가져온 이데올로기를 성장시킨 비옥한 토양이었다.

여기서 언급한 시간 순서는 엄격한 것이 아니며, 여러 보상 메커니즘 형태의 강조점과만 관련이 있다. 어느 정도까지는 모든 메커니즘이 항상 동시에 나타났다. 붕괴 직후의 초기 단계에서도 시간에 대한 믿음이 관찰되었다 (이러한 관점에서 1918년에 독일 신문과 플래카드에 널리 쓰인 '사회주의가 진군한다'라는 구호는 매우 특징적이다. 즉 이 구호에서는 적극적이고 행동하는 정치 사건의 객체인 인간은 제거되고 사회주의가 주체가 되어, 진군하고 있다고 표현한다. 앞으로의 진행을 예측할 수 없다는 뉘앙스가 담겨 있는 것이다). 많은 사람들, 특히 패배한 지도자들은 권위주의 이데올로기가 승리한 후에도 시간에 대한 믿음을 버리지 않았다. 또 한편에서는 처음부터 기적에 대한 믿음이 존재했지만, 본질적으로는 특정 사회계층, 즉 소시민계급에 한정되었다. 소시민계급은 여러 상황, 특히 날로 심해지는 경제력 박탈 탓에 무력감이 가장 컸다. 따라서 그들은 전쟁 직후엔 군주제와 과거의 깃발이 되돌아오는 기적을 꿈꾸었고 그 후엔 '지도자'와 '한 번의' 변혁을 기대했다. 물론 일부 국민에게서는 기적이나 시간의 믿음이 아닌 진짜 활동성이 넘쳐났다. 가장 진보적인 노동계급 일부와 목표는 정반대여도 다른 의미에서, 더 제한된 의미에서 권력이 가장 강성하고 경제적인 의미에서 가장 진보적이던 일부 기업이 그러했다.

전후 시기의 특징이 커져가는 무력감이라고 주장한다면 새로운 항변이 제기될 것이다. 권위주의 이데올로기의 대표들은 엄청난 활동성과 권력 감정을 입증하지 않았던가? 그들이 끈기와 힘으로 정치와 인간적 상황을 바꾸어놓지 않았던가? 겉으로만 보면 이런 항변은 불가피한 것 같고, 성공적인 운동의 주역이던 계급과 개인, 그러니까 누구보다도 소시민들은 마음에 깃든 무력감을 극복했다는 결론을 내릴 수 있을 것 같다. 하지만 더 자세히 살펴보면 오늘날 그들의 활동성은 매우 제한적이라는 사실을 알 수 있다. 전쟁, 고통, 가난은 인간 공동체에 주어진 변치 않는 요소이며 이 기반을 뒤흔들려는 시도는 모두 어리석은 행동이나 거짓 취급을 받는다. 기본적인 사회정치적 요인과 관련된 행동은 완전히 종속되었다는 기분과 떼려야 뗄 수 없이 묶여 있다. 이러한 운명의 힘을 현실적으로 '자연법칙'이나 '사실의 강제'라며 합리화하건, 철학적으로 '과거 민중의 힘'이라며, 종교적으로 '신의 뜻'이라며, 도덕적으로 '의무'라며 합리화하건, 제아무리 노력해도 항상 인간 바깥의 더 큰 권력은 남는다. 그 권력과 마주하면 인간의 활동성은 멈추고 맹목적 복종만이 남는다. 개인의 무력함은 권위주의 철학의 기본 주제다.

7

기본 소득으로
자유를
얻으려면

이 글에서는 기본 소득(원어 garantierten Einkommen은 보장 소득이라는 의미지만 현재 국내 상황에 더 적합한 단어인 기본 소득으로 번역 — 옮긴이)의 **심리적** 측면, 가치, 안고 있는 위험과 발생 가능한 인간적 문제만 다룰 것이다. 무엇보다 이러한 방식으로 개인의 자유가 크게 확대될 수 있다는 것이 전 국민 기본 소득을 두둔하는 논리다(《건전한 사회 Wege aus einer kranken Gesellschaft》 최소 생계 보장 부분 참조. 프롬, 1995a, GA IV, 234~236쪽). 인류 역사를 통틀어 인간 행동의 자유를 제약한 요인은 두 가지다. 하나는 지배자들이 폭력을 사용했기 (특히 지배자들이 이탈자를 죽일 수도 있었기) 때문이며, 나머지 하나는 노동 및 사회생활과 관련해 자신에게 부과

된 조건을 받아들이려 하지 않는 사람은 모두 굶어 죽을 수도 있었기 때문이다.

두 번째 요인은 설사 다른 폭력 조치를 사용하지 않았어도 위험하기는 마찬가지였다. 과거와 현재의 인류 역사 대부분을 지배한 원칙은 '일하지 않는 자여, 먹지도 마라!'다. 자본주의는 물론이고 소련도 다르지 않다. 이러한 협박은 인간을 요구하는 대로 **행동하도록** 강요할 뿐 아니라 아예 달리 행동하고픈 유혹에 빠지지도 않게끔 생각하고 느끼도록 강요한다.

역사가 굶어 죽을지 모른다는 불안의 원칙 아래 유지된 것은 결국 인간의 (특정 원시사회를 제외하면) 경제적·심리적 생활수준이 낮았기 때문이다. 물질적 자원이 만인의 욕망을 채워줄 만큼 넉넉했던 적은 단 한번도 없었다. 보통은 소수의 지도층이 먹고 싶은 만큼 실컷 먹고 나서 식탁에 앉을 수 없는 다수에게 그건 다 신의 뜻이거나 자연법칙이라고 말했다. 하지만 여기서 결정적인 것은 '지배자'의 탐욕이 아니라 낮은 수준의 물질적 생산력이었다는 점을 덧붙여 언급해야겠다.

경제적 과잉 시대에 가능해진 기본 소득은 인류 역사상 처음으로 인간을 굶어 죽을 위험에서 자유롭게 하고, 경제적 위험에서 진정으로 해방시키고 독립시킬 수 있다.

그 누구도 굶어 죽는 게 겁나 특정 노동조건을 수락할 필요가 없을 것이다. 재능이 뛰어나거나 야망이 넘치는 남녀는 다른 직업을 준비하기 위해 재교육을 받을 수 있다. 아내가 남편을, 자식이 가족을 떠날 수도 있다. 배를 곯을까 염려할 필요가 없으면 인간은 더 이상 불안을 느끼지 않을 것이다(물론 이 말은 정치적 협박이 자유로운 사상과 연설, 행동을 방해하지 않을 때만 들어맞는다).

기본 소득은 '자유'의 구호를 현실로 만들 뿐 아니라 서구의 종교와 인문주의 전통에 깊이 뿌리내린 원칙, 즉 인간은 어떤 상황에서나 살 권리가 있다는 원칙의 정당성을 확인해줄 것이다. 살고 먹고 집을 소유하고 아프면 치료받고 교육을 받는 등의 권리는 어떤 상황에서도 제한되어서는 안 되는 인간의 타고난 권리다. 설사 그 사람이 사회에 '유용'하지 않다 해도 말이다.

결핍의 심리학에서 과잉의 심리학으로 이행한 것은 인간 발전의 가장 중요한 발걸음 중 하나다. 결핍의 심리학은 불안과 질투, 이기주의를 불러온다(이는 전 세계적으로 농민 문화권에서 가장 확실하게 관찰할 수 있다). 과잉의 심리학은 자발성, 삶에 대한 믿음, 연대감을 생산한다. 산업화된 세상은 경제적 과잉의 새 시대로 들어서려는 참이지만 사실 사람들은 대부분 심리적으로 여전히 결핍의 경제 조건에 사로잡혀 있다. 이런 심리적 '단계 차이' 탓에 많은 사람들이 기본 소득 같은 새 이념을 전혀 이해할 수 없다. 전통적 이념은 보통 과거의 사회형태에서 생겨난 감정에 좌우되었기 때문이다.

대폭 줄어든 노동시간과 관련 있는 기본 소득의 또 다른 영향은 인간 현존의 정신적·종교적 문제를 현실적이고 결정적인 문제로 만들 것이라는 점이다. 지금껏 인간은 너무도 열심히 일했기에 (혹은 일하고 나면 너무 지쳐서) 이러한 문제를 진지하게 고민하지 못했다. "인생의 의미는 무엇인가?" "나는 무엇을 믿는가?" "나는 어떤 가치를 추구하는가?" "나는 누구인가?" 같은 문제 말이다. 일에만 매달리지 않아도 된다면 인간은 자유롭게 이러한 문제를 진지하게 고민하거나 곧바로 권태에 시달리거나 그 권태를 다른 것으로 보상하려다 반쯤 미칠 것이다. 원칙적으로 경제적 과잉은 굶어 죽을지 모른다는 불안으로부터의 해방을 의미한다. 선행 인류 사회에서 진정으로 인간적인 사회로의 이행이다.

하지만 한쪽으로만 치우쳐서는 안 되겠기에 전 국민 기본 소득 이념에 반대하는 몇몇 항변과 비판적 질문도 빼놓아서는 안 될 것이다. 제일 먼저 드는 의문은 기본 소득이 노동 의욕을 떨어뜨릴지 모른다는 것이다.

이미 실업자 비율이 늘고 있고, 이 사람들에게 노동 의욕 문제 따위는 중요하지 않겠지만 그럼에도 이 항변에는 진지하게 대응해야 한다. 내가 보기에 물질적 자극은 결코 일하고 열심히 노력하게 하는 유일한 동기가 아니다. 첫째, 자부심, 사회적 인정, 일하며 느끼는 기쁨 같은 다른 동기도 있다. 이 사실을 입증하는 사례는 많다. 가장 뚜렷한 사례가 경제적 이익이 아닌 다른 요인을 추구해 뛰어난 능력을 발휘하는 예술가, 학자의 작업이다. 특히 자기 일에 대한 관심, 자기 능력에 대한 자부심, 사회적 인정을 향한 노력이 동기가 된다. 하지만 이 사례는 뚜렷할지는 몰라도 완벽한 설득력을 갖추지는 못했다. 이러한 예외적인 사람들은 비범한 재능이 있기에 비범한 노력을 할 수 있으며, 따라서 평균인의 반응을 말해주는 전형적 사례는 아니라고 반박할 수 있을 테니 말이다. 하지만 비범하고 창의적인 인간의 특성을 갖추지 못한 사람에게서도 활동의 동력이 엿보이고, 그 동력을 조금 더 자세히 살펴본다면 이러한 반박은 설득력이 없는 듯하다. 물질적 자극이 전혀 없는 운동과 수많은 취미 활동 분야에서 사람들이 얼마나 많은 노력을 기울이는가. 노동과정 자체에 대한 관심이 어느 정도나 노동의 동력이 될 수 있는지 처음으로 입증한 실험은 미국 '서부 전기회사'의 시카고 호손

공장에서 실시한 엘턴 메이오Elton Mayo 교수의 전통적 실험이다(메이오, 1933). 노동생산성을 조사하는 실험에 비숙련 여성 노동자들을 직접 참여시키자 노동자들은 적극적이고 열성적인 참여자가 되었고, 그 사실만으로 생산성이 높아졌으며 노동자들의 건강 상태까지 더 좋아졌다.

과거의 사회형태를 조금 더 자세히 살펴보면 문제는 보다 명확해진다. 전통적으로 프로이센 관료는 봉급이 적었지만 유능하고 청렴하기로 유명했다. 이 경우 명예, 충성, 의무 수행 같은 개념이 뛰어난 노동생산성의 결정적 동력이었다. 나아가 (중세 유럽 사회나 20세기 초 남미의 반봉건사회 같은) 산업화 이전 사회를 살펴보면 또 다른 요인이 등장한다. 가령 목수는 자신의 전통적 생활수준을 누릴 수 있을 만큼만 벌려고 했다. 더 많이 일해서 필요한 만큼보다 더 많이 벌라고 하면 그는 아마 거부했을 것이다.

인간이 일하고 노력하는 것이 물질적인 자극 때문만은 아니라는 주장을 뒷받침하는 두 번째 논리는 인간은 활동하지 않으면 괴롭고 인간의 본성이 게으르지 않다는 사실에서 나온다. 물론 한두 달 일하고 싶지 않은 사람은 많을 것이다. 하지만 대부분은 대가를 받지 않아도 좋으니 일하게 해달라고 애원할 것이다. 아동의 성장과 정신 질환에 대한 인식은 그 사실을 입증할 방대한 자료를 제공한다.

활용 가능한 자료를 '질병으로서의 게으름' 측면에서 분석하는 체계적 연구가 반드시 실시되어야 한다.

돈이 주요한 자극제가 아니라면 아무것도 하지 않는 것보다는 차라리 노동을 감수할 만큼 노동은 기술적·사회적 측면에서 틀림없이 매우 매력적이고 흥미롭다. 소외된 현대인은 (대부분 무의식적으로) 무관심하기 때문에 활동보다는 아무것도 하지 않기를 더 갈망한다. 하지만 이러한 갈망은 '정상성의 병리성'(프롬, 1944a)을 말해주는 증상이다. 기본 소득의 남용은 아마 얼마 안 가 다시 사라질 것이다. 단것을 공짜로 주면 몇 주 후 아무도 단것을 과식하지 않게 되는 것과 같다.

이런 항변도 가능하다. 소득이 높은 사람이 연봉 1만 5,000달러짜리 일자리를 잃을지도 몰라서 느끼는 불안도 직장을 잃으면 굶어 죽을 사람들이 느끼는 불안과 똑같을지 모른다는 사실을 고려한다면, 굶어 죽을지 모른다는 불안을 느낄 이유가 없어진다고 해서 인간이 과연 정말로 더 자유로워질까? 이러한 의문이 옳다면 기본 소득은 다수의 자유를 확대하기는 하지만 상류층의 자유를 확대하지는 않을 것이다.

이 항변을 완벽하게 파악하기 위해서는 오늘날의 산업 사회가 어떤 정신으로 가득 차 있는지 생각해야 한다.

인간은 '소비하는 인간(호모 컨슈멘스homo consumens)'으로 변해버렸다. 인간은 만족을 모르고 수동적이며 날로 더해가는 끝없는 소비로 텅 빈 마음을 보상하려 한다. 과식, 구매, 음주가 우울증과 불안에 대한 반응으로 나타나는 메커니즘과 관련해서는 수많은 임상적 사례가 존재한다. 담배 피우고 술 마시고 섹스하고 영화 보고 여행하고 책이나 강연, 미술품 같은 교양 자산을 소비한다. 적극적이고 매우 활기차다고 생각하지만 마음 깊은 곳은 불안으로 가득하고 외롭고 울적하고 따분하다(권태는 일종의 만성 우울증으로 이해할 수 있으며, 소비하면 성공적으로 보상할 수 있다[프롬 1973a, GA Ⅶ, 219~227쪽 참조]). 20세기 산업사회는 '소비하는 인간'이라는 새로운 심리 유형을 무엇보다 경제적인 이유로 만들어냈다. 광고에 자극받고 조종당하는 필수적인 대량 소비를 위해 만들어낸 것이다. 하지만 한번 만들어진 성격유형은 다시금 경제에 영향을 미치고, 쉼 없이 커져가는 만족의 원칙을 합리적이고 현실적으로 보이게끔 한다. 더구나 미국 국민의 최소 20퍼센트가 불충분한 경제적 상황에서 살고 있고 유럽의 몇 개국, 특히 사회주의국가는 아직도 만족스러운 생활수준에 도달하지 못했으며 남미, 아프리카, 아시아의 대다수 사람들이 굶주리는 수준을 아직 넘어서지 못했기에 문제는 더욱 복잡해진다. 소비를 줄이자는 모든 논리에는 세계 대부분의 지역에서는 소비를 더 늘려야 한다는 반론이 되돌아온다. 그 말은 옳다. 하지만 지금은 가난한 나라에서조차 최대 소비라는 이상이 만인의 길잡이 노릇을 하게 될 위험성이 있다. 최대 소비의 이상이 인간 정신에 각인되어 최고의 소비수준을 달성했을 때도 계속 효력을 발휘할 위험성이 있는 것이다.

현대인은 점점 더 많은 소비를 바라며 끝없는 공복감에 시달린다. 그 결과 소비의 탐욕은 끝을 모르지만 가까운 미래에는 만인이 끝없이 소비할 수 있을 만큼 생산할 수 없기 때문에 '소비하는 인간'의 성격 구조가 지배하는 동안에는 결코 (심리적으로 볼 때) 진정한 과잉은 불가능하다. 탐욕을 부리는 사람은 얼마를 갖고 있건 결코 충분히 얻지 못할 것이기에 항상 결핍에 시달릴 것이다. 게다가 그는 남이 가진 것은 전부 갖고 싶어 하고 남을 경쟁자로 본다. 따라서 근본적으로 혼자이고 마음 가득 불안이 넘친다. 점점 더 많이 갖고 싶기에 그는 미술을 비롯해 다른 예술의 자극을 절대 진정으로 즐길 수 없다. 그 말은 기본 소득수준에서 사는 사람들은 실망과 열등감을 느끼고 그보다 더 많이 버는 사람들은 최대 소비의 가능성을 잃을지 모른다는 불안 때문에 상황의 포로가 된다는 뜻이다.

이런 이유로 나는 기본 소득이 일정 정도의 문제(경제적·사회적 문제)만 해결할 뿐이며 최대 소비의 원칙을 포기하지 않는다면 우리가 바라는 급진적 효과는 얻지 못할 것이라고 생각한다.

기본 소득을 도입하려면 어떻게 해야 할까? 일반적으로 말해 **최대** 소비 시스템을 **최적** 소비 시스템으로 바꾸어야 한다. 그 뜻은 다음과 같다.

산업 시설의 용도를 가능하면 개인 소비용에서 공공 소비용 재화 생산으로 바꾸어야 한다. 가령 학교나 극장, 도서관, 공원, 병원, 대중교통 시설, 주택 건설을 장려해야 한다. 달리 말해 개인의 내적 생산성과 활동성을 펼치도록 도와주는 제품의 생산에 역점을 두어야 한다. '소비하는 인간'의 탐욕은 주로 먹는 (자신과 한 몸이 되는) 제품의 개별적 소비와 관련이 있지만, 자기 삶에 만족할 가능성을 개인에게 무료로 제공하는 공공시설의 이용은 만족을 모르는 탐욕을 불러오지 않는다. 최대 소비에서 최적 소비로 이행하는 것은 생산 패턴의 극적인 변화가 될 것이며 나아가 뇌를 세척해 탐욕을 점점 더 부추기는 광고의 급격한 감소를 불러올 것이다(광고의 제한과 공공 부문 생산의 증가는 국가가 개입하지 않으면 거의 생각할 수가 없다). 나아가 문화에서도 변화가 일어나야 한다. 생명, 생산성, 개인주의

등의 인문주의적 가치를 부활시켜 개미집의 개미처럼 조종당하는 조직 인간의 물질주의를 극복해야 한다.

고민은 역시 연구가 필요한 다른 의문으로 이어진다. 합리적 욕망과 비합리적 욕망, 좋은 욕망과 나쁜 욕망을 구분할 객관적으로 타당한 기준이 있을까? 아니면 주관적으로 느끼는 모든 욕망은 동일한 가치를 가질까(여기서 '좋다'라고 정의하는 욕망은 인간의 생명력, 자각, 생산성, 감수성을 키우는 욕망이다. '나쁜' 욕망이란 인간의 가능성을 약화하거나 마비하는 모든 욕망이다)? 우리 모두 이미 마약중독, 거식증, 알코올중독을 보며 구분할 줄 안다. 이러한 문제를 고민하다 보면 실용적인 고민으로 이어질 것이다. 인간의 합법적 욕망의 하한선은 어디일까(자기 방, 옷, 일정량의 칼로리, 라디오나 책 같은 문화 소비재를 갖고 싶은 욕망을 생각하면 될 것이다)? 미국처럼 상대적으로 잘사는 사회에서는 **적정한** 생계비가 얼마인지, 최대 소비의 한계선이 어딘지 쉽게 정할 수 있다. 한계치를 넘는 소비에 붙는 누진세를 생각하면 된다. 어쨌거나 슬럼 같은 생활 조건은 방지해야 한다. 이 모든 것은 기본 소득 원칙을 실천하기 위해서는 우리 사회가 최대 소비에서 최적 소비로 방향을 바꾸어야 하며 개인의 욕구에서 공공 욕구에 맞춘 생산으로 극적 전환을 꾀해야 한다는 의미다.

기본 소득 이념 말고도 연구 가치가 있는 생각이 하나 더 있다. 일정 소비재의 무료 소비다. 가령 빵, 우유, 채소가 여기에 해당될 수 있다. 잠시 상상해보자. 모두가 아무 제과점에나 들어가 원하는 만큼 빵을 들고 나올 수 있다(국가가 제과점이 생산한 빵의 값을 전액 지불한다). 앞서 말했듯 처음엔 욕심 많은 사람들이 필요 이상으로 빵을 많이 가져갈 수도 있지만 얼마 안 가 이런 '탐욕으로 인한 소비'는 사라지고, 사람들은 실제로 필요한 만큼만 빵을 가져갈 것이다. 내 생각에 무료 소비는 (우리가 [더 높은 차원이라 해도] 원시사회 소비 관습의 되풀이로 생각하지 않는 한) 인간의 삶에 새로운 차원을 열어줄 것이다. 인간은 '일하지 않는 자여, 먹지도 마라'라는 기본 원칙에서 해방되었다고 느낄 것이다. 심지어 이러한 무료 소비가 시작되기만 해도 완전히 새로운 자유를 경험할 것이다. 국가가 전 국민에게 무료로 빵을 공급하기란 어렵지 않은 일이라는 것은 굳이 경제학자가 아니어도 쉽게 알 수 있는 사실이다. 국가는 그 비용을 상응하는 세금으로 충당할 것이다. 하지만 거기서 한 걸음 더 나아갈 수도 있다. 빵, 우유, 채소, 과일로 식생활의 최소 욕구를 충족시키는 데서 그치지 않고 의생활의 최소 욕구도 충족시킬 수 있으며 (시스템에 따라 전 국민에게 무료로 연간 양복 한 벌, 속옷 세 벌, 양말 여섯 켤레 등을 지급할 수 있을 것이다) 교통수단도 무료로 이용할 수 있을 것이다. 물론 그러자면 자가용 가격은 높이고 대신 대중교통 시설을 크게 개선해야 한다. 마지막으로 주거 문제도 비슷한 방식으로 해결될 것이라 상상할 수 있다. 가령 청년용 수면실, 노인과 부부용 작은 방을 갖춘 대형 주택을 건설해 원할 때 무료로 이용할 수 있게 하는 것이다. 이렇게 보면 기본 소득 문제 역시 굳이 현금으로 지불하지 않고 생활에 필요한 모든 것을 (최소 생계를 보장한다는 의미에서) 공짜로 제공하는 방식으로 해결할 수 있다는 생각이 든다. 최소 생계에 필요한 물품을 제조하는 과정에서 현금으로 지급하는 전 국민 기본 소득 제안과 마찬가지로 생산을 가동시킬 것이다.

다른 저자들이 제안한 방법에 비해 이 방법이 훨씬 더 급진적이어서 수용하기 힘들다는 항변도 있을 수 있다. 어쩌면 그 말도 맞다. 하지만 잊어서는 안 될 사실이 있다. 무료 최소 서비스 방법은 이론적으로 현재의 시스템 안에서 실행 가능하지만 기본 소득 이념은 많은 사람이 수용할 수 없을 것이다. 실행 가능하지 않아서가 아니라 '일하지 않는 자여, 먹지도 마라'는 원칙의 폐기에 반발하는 심리적 저항감 때문이다.

또 다른 철학적·정치적·심리적 문제도 연구할 필요가

있다. 바로 자유의 문제다. 서구식 자유 개념은 주로 타인의 합법적 이해관계를 위협하지 않는 한도 내에서 사유재산을 소유하고 이용할 수 있는 자유를 기틀로 삼았다. 오늘날 서구 산업사회에서는 소유권 박탈 형태인 과세와 농업과 상업, 산업에 대한 국가 개입으로 다양한 측면에서 이 원칙이 허물어졌다. 동시에 생산수단의 사유는 점차 줄어들고 대기업에서도 반半공유가 늘어나고 있다. 기본 소득 원칙은 몇 가지 국가 규제의 추가를 의미하긴 하지만, 오늘날 평균인이 느끼는 자유의 개념은 무언가를 소유하고 그 소유(그의 자산)를 이윤이 나도록 투자하는 자유보다는 탐하는 모든 것을 소비할 자유와 같은 뜻이라는 점을 명심해야 한다. 오늘날에는 많은 사람들이 무제한 소비의 제약을 자유를 침해하는 것이라 생각한다. 사실상 가지고 싶은 것을 자유롭게 선택할 수 있는 사람은 진짜 부자들뿐인데도 말이다. 여러 상표의 같은 소비재와 여러 종류의 소비재가 생존 투쟁을 벌이면서 개인의 자유라는 망상을 만들어낸다. 하지만 실제 개인은 조건화된 것을 갖고 싶어 한다(여기서도 사회주의국가의 총체적인 소비 관료화는 소비 규제의 나쁜 사례를 제공한다). 자유의 문제를 바라보는 새로운 시각이 필요하다. '소비하는 인간'을 생산적 활동을 하는 인격으로 변화시켜야만 인간은 소비재를 선택할 수 있는 무한한 가능성이 아닌 진정한 독립으로서의 자유를 경험하게 될 것이다.

　전 국민 기본 소득 원칙의 효과가 완전히 나타나려면 첫째, 소비 습관의 변화가 동반되어야 한다. '소비하는 인간'이 (스피노자가 말한) 생산적 활동을 하는 인간으로 변해야 한다는 뜻이다. 둘째, 인문주의의 새로운 정신적 자세가 (일신론적 혹은 비일신론적 형태로) 형성되어야 하며 셋째, 진정한 민주주의를 부활시켜야 한다(가령 수십만 소집단face to face groups의 결의를 모으고, 모든 종류의 사업과 경영에 전 직원을 적극적으로 참여시켜 결정을 내리는 새로운 하원이 그러할 것이다. 《건전한 사회》에서 내가 소개한 여러 제안 참조[프롬, 1955a, GA IV, 224~239쪽]). 전 국민을 먹여 살리는 국가가 독재의 성격을 띤 어머니 신이 될 위험은 사회 모든 영역에서 민주적 절차가 동시에 효과적으로 늘어나야만 막을 수 있다(실제 오늘날의 국가는 이미 이런 가능성을 허용하지 않으면서 막강한 권력을 누리고 있다).

　전 국민 기본 소득 분야에서는 경제적 방향의 연구와 더불어 다른 연구도 진행되어야 한다. 심리학, 철학, 종교, 교육학 분야의 연구다. 기본 소득 정책이 성공하려면 다른 분야의 변화가 동반되어야 한다. 우리 전체 소득의 10퍼센트를 경제적으로 무익하며, 위험한 군사 비용에 투자

하지 않을 때, 미개발 국가를 체계적으로 지원해 무의미한 폭력 행위의 확산을 저지할 때, 인구 폭발을 막을 방법을 찾을 때만 기본 소득 정책이 성공을 거둘 수 있다는 점을 잊지 말아야 한다. 이러한 변화가 없다면 그 어떤 미래 계획도 성공할 수 없을 것이다. 미래는 아예 없을 테니 말이다.

8

소비하는
인간의
공허함

이 글의 주제는 과잉 사회의 심리적·정신적 문제다. 자세히 설명할 테지만 제목에서 벌써 어려움이 엿보인다. '정신적'이란 과연 무슨 뜻인가? '심리적'이 무슨 뜻인지는 우리도 대충 안다. 하지만 '정신적'이란 단어는 명확히 정의할 수 없고 명확한 의미를 띠지도 않는다. 여기서는 '종교적'이라는 단어로도 표현할 수 있는, 내가 상징 '×'라고 부르는 의미로 사용할 것이다. 내가 이 상징을 고른 이유는 특별한 역사적 내용을 담고 있지 않기 때문이다. 그러므로 내가 과잉 사회의 정신적 문제라고 이야기할 때는 보통 '종교적 문제'라고 부르는 것을, 개인적으로는 '× 문제'라는 말로 부르고 싶은 것을 의미한다.

현재를 과잉 사회라고 일컬을 수 있는지 의문을 제기할 수도 있다. 인류의 3분의 2가 풍요롭게 살기는커녕 여전히 굶주림이 문제의 중심인 현실에서 살지 않는가? 심지어 세상에서 제일 부자 나라라는 미국에서도 국민의 적지 않은 수가, 어림잡아도 20퍼센트가 가난하게 살지 않는가? 물론 그들의 가난을 인도나 남미의 가난과 비교할 수는 없겠지만 어쨌든 그들 역시 과잉 사회라 부를 만한 상황과는 동떨어져 있지 않은가?

이 모든 것이 실제로 맞는 말이지만, 그렇다고 과잉 사회 문제를 다룰 필요성과 정당성이 사라지지는 않는다. 미국이나 유럽에서도 중간 시민계급에서 노동자계급에 이르기까지 실제로 이미 과잉 사회에 참여하기 시작했기 때문이다. 트렌드 그 자체는 의문의 여지가 없다. 인류가 앞으로 5년, 10년, 20년 안에 핵전쟁의 위험을 물리칠 수 있을까 하는 전혀 부당하지 않은 의심을 품는 경우가 아니라면 말이다. 인류가 성공해 이런 위험을 물리칠 수 있다면 실제로 20년 안에는 미국이, 30~40년 안에는 유럽마저 자원, 특히 소비재가 넘쳐나는 자동화된 사회가 될 것이라는 데는 의심의 여지가 별로 없다.

과잉 사회에 관련된 문제를 이야기해야 하는 이유가 우리가 이미 이 사회의 초입에 서 있기 때문만은 아니다. 실제로 새로운 인간상, 새로운 비전이 세계를 정복하고 있다. 미국과 유럽에서 소련과 아프리카의 작은 신생국에 이르기까지 소비하는 인간의 이상이 지배하고 있는 것이다.

여기서 관건은 소비하는 인간이라는 새로운 인간 유형이다. 분명 도구의 인간, 호모 파베르homo faber는 여전히 존재한다. 물론 그 도구의 인간이 2차 산업혁명 때는 1차 산업혁명 이전은 물론이고 2차 산업혁명 이전과도 많이 다르지만 말이다.

호모 사피엔스가 여태 존재하는지는 의심스럽다. 호모 사피엔스는 이성을 생존 수단으로 삼기 때문이다. 생존을 위협하거나 우리를 전반적인 파괴의 벼랑으로 몰고 가는 데 이성의 가장 큰 힘을 사용하는 상황에서는 실제로 인간이 여전히 호모 사피엔스인지 아니면 호모 사피엔스를 그만두었는지 의심스럽다.

의심할 수 없는 것은 오늘날 인간이 '소비하는 인간', 완전한 소비자가 되기 시작했고, 이런 인간상이 새로운 종교적 비전의 성격을 띤다는 사실이다. 이 비전에서 천국은 모두가 매일 새 물건을 살 수 있는, 바라는 모든 것을 살 수 있고 이웃보다 조금 더 많이 살 수 있는 단 하나의 거대한 백화점이다. 이런 완전한 소비자의 비전은 사실상 세계를 정복한 새로운 인간상이다. 정치 조직이나 이데올로기와는 전혀 상관이 없다. 자본주의국가는 물론이고 사회주의국가에서도 이런 비전이 발견되고 있으니 말이다.

차이라면 단 하나, 사회주의국가는 여전히 완전한 소비의 약속이 이루어지는 날 행복이 문 앞으로 찾아올 것이라는 망상에 젖어 있지만 미국처럼 이 같은 완전한 소비의 '행복'이 이미 폭넓은 계층에게 찾아온 나라에서는 이런 방식으로 행복을 찾을 수 있을까 하는 의심이 고개를 들었다는 점이다.

우선 나는 이 '소비하는 인간'을 심리적 현상으로 설명하고자 한다. 자체 역동성을 갖춘 새로운 유형의 사회 성격으로 말이다. 한 사람이 의식한 것과 그를 몰아대는 무의식의 힘을 구분할 경우 이 역동성은 프로이트가 말한 성격 역동성의 의미로만 쓰일 수 있다. 하지만 일단은 소비하는 인간이 무엇인지 한 번 더 서술적으로 설명해보기로 하자. 소비하는 인간은 모든 것을 소비품으로 만드는 인간이다. 담배와 맥주, 리큐어(알코올에 설탕과 식물성 향료 따위를 섞어 만드는 혼성주—옮긴이), 책, 사랑, 섹스, 강연, 미술관 등 그에겐 소비품으로 변신할 수 없는 것은 없다. 심지어 직접적인 각성을 선사하는 특정 마약조차 그저 소비품일 뿐이다.

당신은 이렇게 물을지도 모르겠다. 소비하는 게 뭐가 나쁜가? 인간은 본성상 생명을 유지하기 위해 소비해야 하는 존재이지 않은가? 실제로 인간은 다른 모든 생명체와 마찬가지로 소비해야 한다. 하지만 이곳에선 예전에는 전혀 다른 방식으로 습득하던 것, 즉 인간의 창조와 문화가 낳은 풍요로운 세계마저 예외 없이 소비품으로 만드는 성격 구조가 발달하고 있다는 사실이 새로운 현상이다.

우리는 여기서 한 걸음 더 나아가 이렇게 물어야 한다. 이러한 소비 자세의 실체가 (심리적으로 볼 때) 무엇인가? 이 질문으로 우리는 이미 역동적 개념과 관념에 도달했다. 이러한 새로운 유형의 인간이 무의식적으로는 수동적이고 마음이 허전한 데다 불안에 떨고 고립된 인간이며, 삶의 의미를 찾지 못하고 마음 저 깊은 곳에서 소외감과 권태에 시달리기 때문이다. 오늘날 술과 여행, 책을 소비하는 사람들에게 행복하지 않느냐고, 따분하냐고 물어보면 이런 대답이 돌아올 것이다. "아니요. 완전 행복해요. 우리는 나날이 더 많이 여행하고 술 마시고 밥 먹고 물건을 사기 때문에 따분할 틈이 없어요."

이 사람들은 의식적으로는 권태를 느끼지 않는다. 이제 우리는 이러한 사람들이 어떻게 무의식적으로는 공허하고 따분하며 소외감을 느낄 수 있는지, 어떻게 무의식적으로는 수동적인 인간일 수 있는지 분석적으로 물어야 할 것이다. 어떻게 젖병만 기다리는 데 그치지 않고 모든 것을 젖병으로 만들며, 결코 자주적 행동을 키워가지 않을 영원한 젖먹이일 수 있는지 말이다.

나는 활동성과 수동성이라는 말을 현대적인 의미가 아니라 아리스토텔레스, 스피노자, 괴테, 마르크스와 불교에서 사용하는 의미로 사용한다. 즉 행동주의activism와는 전혀 다른 **내면의** 활동성과 **내면의** 수동성이라는 의미로 사용한다.

이제 우리는 이렇게 말할 수 있을 것이다. 불안하고 따분하고 소외감에 시달리는 인간은 강박적 소비로 불안을 보상하지만, 그 누구도 이러한 소비를 일반적인 질병으로, 더 정확히 말해 '정상성의 병리성'(프롬, 1944a: 프롬, 1955a, GA IV, 13~19쪽 참조)의 증상으로 느끼지 않는다고 말이다. '질병'이라는 개념은 항상 다른 사람들보다 더 아플 때만 경험하는 것이다. 하지만 모두 같은 질병을 앓을 때는 질병이라는 개념이 의식으로 들어오지 않는다. 따라서 이러한 내면의 공허, 내면의 불안은 강박적 소비를 통해 상징적으로 치유된다. 이러한 메커니즘의 대표 사례가 폭식증이다. 특정한 사람들이 왜 폭식증에 시달리는지 조사해보면 강박적으로 음식물을 섭취하는 폭식증의 이면에는 사실상 무의식적인 것, 즉 우울이나 불안이 숨어 있다는 것을 알 수 있다.

인간은 공허감을 느끼고 이 허전함을 상징적으로 채우기 위해 다른 사물, 바깥에서 들어오는 사물로 자신을 채워 마음의 공허와 쇠약을 극복하려 한다. 불안하거나 우울한 기분이 들면 무언가 구매하거나 냉장고를 열어 평소보다 더 많이 먹으려 하고 그러고 나면 약간 덜 우울하고 덜 불안해진 모습을 확인하는 사람들이 적지 않다.

실제로는 악순환이 일어난다. 소외감을 느끼는 불안한 인간은 한편으로는 불안하기 때문에 강박적으로 소비해야 한다. 하지만 또 한편으로 이 문제는 현대 서구 사회의 경제구조와 매우 긴밀하게 연결되어 있다. 완벽하고 절대적이며 계속 늘어나는 소비의 현실 위에 서 있는 경제구조 말이다.

지금 미국에서는 자가용을 한 대 더 사지 않겠다고 단 10만 명만 결심해도, 주식시장이 엄청난 불안에 빠질 것이다. 미국 경제 전체가 늘어나는 소비를 발판으로 삼기 때문이다. 19세기에는 절약이 경제적으로 확고한 원칙이었듯 지금은 소비가 확고한 원칙이다. 19세기에는 자본 축적 과정이 개인이 절약해 자본을 산업에 투자해야 하는 단계였기 때문이다.

지금은 그럴 필요가 없다. 산업이 자본을 스스로 충당하기 때문이다. 적어도 미국에서는 98퍼센트가 그렇다. 산업이 스스로 자본을 충당하려면 무엇보다 사람들이 사고, 사고 또 사야 한다. 그렇지 않으면 상품 수요가 계속 증가하지 않는다. 산업이 생산할 수 있는 상품, 그리고 스스로 자본을 재생산하기 위해 점점 더 많이 생산해야 하는 상품의 수요 말이다. 따라서 산업은 온갖 수단을 동원해 사람들을 유혹해 더 많은 소비를 유도해야 한다. 19세기에는 돈이 없는데 물건을 사면 비도덕적이라 여겼다. 20세기에는 돈이 없다고 해도 물건을 사지 않으면 비도덕적이라고 생각한다. 심지어 대출까지 해서 물건을 사고 여행을 다니니 말이다.

엄청나게 교묘한 광고 장치를 이용해 산업은 인간을 소비하고 또 소비하게 만든다. 미국, 오스트리아, 서독에서만 그런 것이 아니라 소련, 유고슬라비아, 폴란드, 체코슬로바키아에서도 마찬가지다. 정도의 차이는 있겠지만 원칙에는 차이가 없다. 더 많이 소비하도록 사람들을 끊임없이 자극한다.

인간은 자본주의 생산 시스템 때문에 다양한 이유로 불안과 소외감을 느낀다. 이 시스템이 날로 커져가는 경제적·관료적 거인을 만들어내며, 그 거인과 마주 선 개인은 작고 무력하다고 느끼기 때문이다. 개인은 날이 갈수록 사회의 사건에 적극 참여할 수 없으며, 중간 시민계급에서 그 아래 시민계급에 이르는 폭넓은 계층에 커다란 불안이 퍼져 있기 때문이다. 출세하지 못할 것이라는 불안, 애써 오른 자리를 다시 잃을지 모른다는 불안, 남들이 이룬 것을 나도 이루지 못하면 배우자와 친구들이 '패배자' 취급을 할지 모른다는 불안이 만연한 것이다.

수입만 위태로운 것이 아니다. 우정, 사랑, 존경도 위태롭다. 이는 승진에 좌우되는 경우가 많고, 승진은 경제적 능력만 있다고 되는 것이 아니다. 적응 능력, 충분히 자주 "예스"라고 대답하면서도 예스맨 꼬리표가 따라붙지는 않을 정도로 적당히 "노"라고 대답할 줄 아는 능력에 달린 것이다.

관료적 조직의 자리마다 딱 정해진 예스와 노의 비율이 있어 꼭 지켜야 한다. 이는 무엇을 목표로 삼느냐에 달려 있다. 90퍼센트의 예스맨은 절대 사장이 될 수 없지만 90퍼센트의 노맨도 절대 사장이 되지 못할 것이다. 아주 세밀하게 매겨진 차이의 눈금이 있다. 학교에서는 배우지 못하는 (학교에서는 정반대만 배운다), 실전에서만 배우는 차이가 있다. 하지만 많은 사람들이 마침내 그 차이를 다 배우고 나면 너무 늙어버린 뒤다.

정리해보면 이 시스템에서 불안해지는 인간은 소비한다. 하지만 유혹당해 소비하는 인간은 불안해진다. 그가 수동적인 인간이며, 항상 받아들이기만 하고, 세상 그 무엇도 활동적으로 경험하지 않기 때문이다. 불안할수록 그는 더 많이 소비하고 더 많이 소비할수록 그는 더 불안해진다. 그 결과 인간의 기계가 더 강력해질수록, 다시 말해 인간이 생산하는 것이 더 강력해질수록 인간은 더욱더 무력감을 느끼는 악순환에 이르게 되고, 그는 모든 것을 절대 멈추지 않을, 끝없는 소비를 통해 보상한다. 소비의 문제는 **가짜 자유**의 문제와 묶여 있다. 19세기에는 자유의 개념이 본질적으로 사유재산의 소유와 상업 활동의 자유와 결합되어 있었다. 오늘날 발전한 자본주의국가에서는 생산수단의 사유가 매우 적다. 가령 미국 최대 자동차 대기업 제너럴 모터스와 포드 컴퍼니는 자체적으로 승계되는 관료주의의 손에 들어가 있다. 수십만의 원 소유주는 기업에 결정적인 영향을 미치지 못한다. 소유의 자유는 사실 19세기에만 의미가 있던 개념이다. 그래서 마르크스마저 생산수단의 사회화로 본질적인 변화가 일어난다고 착각했다. 마르크스는 19세기 소유 개념에 눈높이를 맞추었기에 20세기에는 소유로서의 생산수단이 전혀 중요한 범주가 아닐 것이라는 점을 예상치 못한 것이다.

오늘날의 가짜 자유는 소비 영역에 있다. 소비자가 슈퍼마켓이나 대형 백화점에 가서 라디오, TV, 신문에서 이미 선전했던 10종의 담배를 바라본다. 모두가 그의 총애를 얻으려 애쓴다. 마치 이렇게 말하고 싶은 것 같다. "제발 날 골라주세요!" 근본적으로는 소비자도 이 모두가 사실은 상표가 같다는 것을 알고 있다. 담배건 비누건, 예쁜 여자가 선전하거나 여자 다리만 보여주며 선전하는 다 같은 상표인 것이다.

순전히 이성적으로만 생각하면 소비자는 이 모든 것이 완벽히 비합리적이라는 사실을 잘 안다. 그럼에도 그것은 그에게 원하는 것을 선택할 수 있다는 자유의 감정을 선사한다. 그렇게 그는 자신의 총애를 체스터필드가 아닌 말보로에, 말보로가 아닌 체스터필드에 선사한다. 바로 그 가짜 선택을 통해 가짜 인성이 된다. 그는 말보로를 피운다는 사실로 자신을 정의할 수 있는 인간이기 때문이다. 그것이 그의 자기이며 인성이다. 선택의 행위를 통해 그는 권력을 경험한다. 사실 선택은 그저 그의 등 뒤에서 일어나는 영향의 결과일 뿐이기에 무의식적으로는 무기력을 경험하지만 말이다. 의식적으로는 선택했다고 믿지만 사실 그는 자신에게 제시된 여러 제품 중 선택하도록 부추김당한 것이다.

따라서 이런 새로운 상황에서도 진정한 경쟁은 더 이상 존재하지 않는다. 여러 담배 상표는 사실상 모두 이해관계가 동일하다. 중요한 것은 사람들이 담배를 피운다는 사실이다. 물론 이 상표를 더 많이 피우면 한 담배 상표의 대표를 더 좋아하는 것이지만 근본적으로 그건 전혀 중요하지 않다. 중요한 것은 사람들이 담배를 피우고, 이러한 선택의 행위에서 자유와 권력을 경험한다는 사실이다.

내 생각엔 이런 자유의 감정이 수입과는 전혀 무관하다는 사실을 강조할 필요가 있을 것 같다. 슈퍼마켓에서는 많은 돈을 쓸 필요가 없기 때문이다. 아주 조금만 지불해도 변하지 않는다. 고객은 왕이다. 질적으로 완전히 똑같은 물건 중 어떤 것에 총애를 선사할지 결정할 수 있는 왕인 것이다.

소비는 **행복**의 개념과도 연관이 있다. 이 주제를 철학적으로 다루려면 계몽주의의 본질과 심리학으로 거슬러 올라가야 한다. 하지만 오늘날 사람들에게 행복을 주는 것이 무엇이냐고 물어보면 갖고 싶은 것은 뭐든 가질 수 있는 것이라고 대답할 것이다. 이것이 아마 대부분의 사람들이 생각하는 대중적인 행복 개념일 것이다. 소비는 자유뿐 아니라 행복의 발판이기도 하며 자유와 행복을 가로막는 유일한 것은 소비하고 싶은 모든 것을 소비할 만큼 돈이 많지 않은 것이다.

소비를 통해 우리는 수동적 인간이 될 뿐만 아니라 종속적인 인간이 된다. 카를 마르크스와 벤저민 디즈레일리 Benjamin Disraeli, 1804~1881(영국 수상을 역임한 정치가이자 작가—옮긴이)처럼 정반대 이념을 주창한 19세기의 사상가들이 그 사실을 이미 간파했다는 것은 매우 흥미롭다. 카를 마르크스는 이렇게 말했다. "유용한 많은 상품의 생산은 무용한 많은 인간을 만들어낸다." 디즈레일리도 거의 같은 표현을 사용했다. 19세기에는 보수주의자는 물론이고 사회주의자도 (입장을 급격히 바꾼 20세기의 보수주의자와 사회주의자는 거론하지 않겠다) 산업사회가 욕망의 노예가 된 공허한 인간을 만들어낼 것이라고 예상했다. 그 예상은 맞아떨어졌다.

또 다른 사실도 관찰된다. 살아 있는 것과 대립되는 기계적인 것의 의미가 점점 더 커진다는 사실이다. 내가 지금 하는 말이 유럽에도 똑같이 적용될지는 모르겠다. 어쨌든 미국에서는 여자보다 스포츠카에 더 관심이 많은 남자가 무척 많다. 특정 관점에서 보면 매우 도덕적일지 몰라도 나는 이것이 세상에서 제일 부도덕한 짓이라고 생각한다. 살아 있는 것이 아닌, 살아 있지 않은 것에 대한 관심 말이다.

20세기 초에 이미 현대 문화의 이러한 성향을 꿰뚫어본 매우 재미난 남자가 있었다. 미래주의 미술 운동 지도자 필리포 토마소 마리네티Filippo Tommaso(Emilio) Marinetti, 1876~1944(이탈리아계 프랑스 작가로 20세기 초에 일어난 문학·미술·정치 운동인 미래파의 창시자—옮긴이)가 그 주인공이다. 1909년에 발표한 선언문에 그는 다음과 같은 신앙고백을 실었다. "우리는 자동차와 속도를 가장 아름다운 그리스 여신상보다 더 사랑한다. 우리는 전쟁을, 파괴를 사랑하며 여자를 증오한다." 모든 것이 한자리에 모였다. 기계적인 것에게 느끼는 매력과 내가 《인간의 마음》(프롬, 1964a, GA II, 179~185쪽)에서 네크로필리아라고 부른 그것, 살아 있는 것, 살아 성장하는 모든 것을 향한 사랑, 바이오필리아와 대비되는 죽음과 죽은 자를 향한 사랑, 살아 있지 않은 것을 향한 사랑이 모두 한자리에 모인 것이다.

이러한 성향은 현대 산업의 발전과 더불어 엄청나게 커지며, 나는 핵무기에 대한 자부심 역시 적어도 일부나마 기계적인 것에 대한 사랑과 감탄, 살아 있는 모든 것을 향한 관심의 저하와 관련 있다고 생각한다. 그 정도가 너무 심해 요즘 사람들은 돈을 주고 살 필요가 없는 것은 애당초 즐길 수 없다고 믿는다. 그냥 앉아 있거나 걷는 것과 같은 방식으로는 삶을 온전히 즐기는 것이 아예 불가능하다고 생각한다. 돈을 주고 살 수 있는 게 없다면 기쁨도 없기 때문이다.

하기야 기쁨의 개념이 사라져가는 중이다. 기쁨은 소비 생활에서는 존재하지 않기 때문이다. 구약에서는 히브리인의 죄를 열거하면서 가장 무거운 죄를 요약해 이렇게 말했다. "모든 것이 남아 넘쳐서 기쁘고 즐거운 나머지 너희 하느님 야훼를 섬기지 않은 까닭"이다(신명기 28장 47절). 당시 어떻게 그런 말을 할 수 있었는지 쉽게 이해할 수 없지만 나는 종교적 입장에서 현대사회를 비판할 때면 이 문장을 그대로 되풀이할 수 있다고 생각한다.

완전한 소비 개념을 설명하고, 그것과 심리적·사회경제적 역동성의 연관성에 대해 설명하려 노력했다. 이제 욕망에 대해 과연 비판적인 자세를 취할 수 있는지 살펴보겠다. 이와 관련해서는 원칙적으로 두 가지 입장이 있다.

첫 번째가 **상대주의적** 입장이다. 타인에게 피해를 주지 않는다면 모든 욕망이 합법적이라고 보는 입장이다. '현대적인' 입장이기도 하다. 인간이 무언가 원하고 욕망과 소망을 품는다면 이 소망을 성취하는 것은 항상 옳다. 다만 타인에게 피해를 입히지 않아야 하고 특정 마약 복용처럼 예외적인 경우에 자기 자신에게도 해를 입히지 않아야 한다.

두 번째 입장은 **규범적**이다. 인간의 욕망을 규범적으로 파악할 경우에는 '좋은' 욕망과 '나쁜' 욕망이 있다. 좋은 욕망이란 무엇인가? 인간의 생명력, 생산성, 감수성, 관심, 활동성을 키우는 욕망이다. 나쁜 욕망이란 인간의 생명력과 관심을 빼앗고 인간을 더 수동적으로 만드는 욕망이다. 나쁜 욕망은 대부분 커져가는 생산 기계가 인간에게 제공하는 합성 욕망이다. 근본적으로는 진짜 욕망이 아니지만 주관적으로는 진짜 욕망으로 느낀다. 나쁜 욕망은 한계가 없다. 일반적인 탐욕, 중독과 동시에 일어나기 때문이다.

그렇지만 좋은 욕망과 나쁜 욕망을 누가 결정하는가? 독재자? 대표 산업? 나는 인류학-심리학적 연구를 발판으로 삼으면 이러한 결정을 지극히 합리적인 방식으로 내릴 수 있다고 생각한다. 무엇이 생명 및 생명력과 활동성을 촉진하는지, 무엇이 활동성과 생산성을 떨어뜨리는지를 개별적으로, 그리고 구체적으로 언급해야 한다. 의견이 항상 같을 수는 없겠지만 그래도 무엇이 좋은 욕망이고 나쁜 욕망인지 결정할 가능성은 유지될 것이다.

하지만 이 문제를 토론하려면 그 전에 먼저 다른 결정을 내려야 한다. 인간이 경제보다 중요하다는 결정 말이다. 우리가 정말로 인간의 발전과 인간이 지닌 모든 힘을 발휘하는 것을 사회 활동의 가장 중요한 목표로 삼는다면 실제로 욕망의 가치를 묻는 질문도 구체적으로 토론하지 않을 수 없을 것이다.

하지만 달리 보아 자유주의적인 **레세페르 레세알레**Laissez faire, laissez aller(길을 열어주고 방임하라)의 의미에서 지상 최고의 목표가 경제 발전, 최대 생산력이며 인간은 그에 순응해야 한다고 생각한다면, 그 문제는 토론하지 않을 것이고, 토론할 필요가 없는 이유를 수없이 찾아낼 것이다. 그러니까 그 문제를 토론하느냐 안 하느냐는 무엇을 사회 활동의 최상 목표로 삼느냐에 달려 있다. 물론 모든 인간은 인간의 발전을 옹호한다. 그러나 어떤 욕망이 인간에게 유익하고 해로운지 토론하지 않는다면 (어떤 단어를 사용해 인간의 발전을 일컫는다고 해도) 그건 그저 인간의 발전이란 공허한 말에 불과하다는 사실을 입증할 뿐이다.

인간에게 유익한 욕망을 찾아내는 것은 인류학의 가장 중요한 과제 중 하나다. 철학적 인류학뿐 아니라 심리학적 인류학도 마찬가지다. 이러한 과제는 누구보다 인간의 발전에 지대한 관심을 보이며 인간을 경제에 종속시키지 않겠다고 생각하는 사람들이 맡아야 할 것이다. 하지만 오늘날에는 이 문제에 대해 그냥 토론만 하려 해도 매우 힘이 든다.

사유 기업이 있는 나라에서는 이 문제를 아예 토론할 수 없거나 많이 하지 못한다고 해도 수긍이 간다. 미국이나 서독 같은 나라에서 어떤 욕망의 만족을 금지하고 광고도 금지한다면 반드시 반발에 부딪칠 것이다. 사유 경제 시스템에서 이윤이 난다면 누구나 생산하고 싶은 것을 생산할 자유가 있다는 항의가 나올 것이다. 이는 누가 봐도 난관이다.

사회주의국가에서는 이 모든 것이 훨씬 쉬울 것이라고 생각한다. 많건 적건 경제 규제가 정부 손에 있고, 정부 프로그램을 실행하더라도 사유 경제가 훼방 놓지 않을 것이니 말이다. 하지만 미국에서보다 사회주의국가에서 규범적 소비 문제를 거론하기가 더 힘들다는 사실은 역사의 아이러니라 할 것이다.

미국에서는 무제한 소비가 행복을 주는 것이 아니라는 사실을 이미 많은 사람들이 경험했거나 현재 경험하고 있다. 반대로 많은 이유로 과잉 사회의 풍요에서 멀찍이 떨어진 국가에서는 미국만큼 소비할 수 있다면 실제로 행복이 찾아오리라는 착각에 여전히 사로잡혀 있다.

게다가 스탈린의 과거 탓에 관료적 강제를 떠올리는 모든 것, 그러니까 소비에 대한 일체의 규범 역시 내부 저항에 부딪히고, 사람들은 이런 이유로 그러한 문제를 아예 고민하려고도 하지 않는다. 그리하여 우리는 소위 자본주의국가는 물론이고 사회주의국가에서도 완전한 소비자로서 인간 역할을 비판적으로 고민하겠다는 진정한 바람이 존재하지 않는다는 약간 놀라운 결과에 도달한다.

이 글 후반부에서는 과잉 문제의 정신적 측면을 살펴보고자 한다. 물론 앞에서 말한 수동성, 공허, 삶의 무의미는 개인에게서 임상심리학적으로 확인할 수 있는 심리학적 의견이기도 하지만 단순히 그것에 그치는 것만은 아니다. 무의미와 공허, 수동성 등을 이야기하는 순간 우리는 종교적 차원(× 차원)의 입장에서 볼 때 어마어마하게 중요한 문제를 동시에 건드리게 된다.

활동적 인간, 생산적 인간에 대해 한마디 하고 넘어가야겠다. 그는 흔히 말하는 분주한 사람이 아니다. 오히려 (젊은 시절 마르크스도 말했듯) 내면에서부터 활동적인 사람, 활동적으로 세상과 관계 맺는 사람, 세상과의 관계 맺음과 연결이 내면의 필연성인 사람이다. 그는 삶의 과정에서 쉼 없이 변하고, 모든 행위에서 같은 사람이 아니며, 정반대로 모든 행위가 동시에 그의 인성 변화다.

아인슈타인 이전의 물리학자들이 원자를 물질의 마지막 단위라고 믿은 것처럼 데카르트는 인간을 고립된 마지막 단위라고 봤지만, 여기서 말하는 인간은 마지막 단위가 아니다. 인간은 본질적으로 항상 세계를 이해하고 파악하는 과정, 세계에 대한 관심의 과정에 있기 때문이다. 우리가 '관심Interesse'을 원래의 단어 의미, 즉 '그 안의 존재inter-esse'라는 의미에서 본다면 고정된 주체와 역시 고정된 바깥 객체의 분열은 항상적 관계의 관념을 위해 지양된다. 불교에서는 그 관계를 이렇게 표현한다. "나만 장미를 보는 게 아니라 장미도 나를 본다." 이 말은 그저 인간과 세계의 과정적·상호작용적 관계를 일컫는 특별한 표현에 불과하다.

간단한 사례를 들어보자. 바다를 바라보며 **멀찍이서** 그 바다에 대해 말한다고 상상해보자. "저기가 바다야. 저기가 물이야." 그다음에는 당신이 바다로 뛰어들어 헤엄을 친다고 상상해보자. "저기가 물이야"라는 당신의 단언은 이제 전혀 다른 말이 된다. 물론 지금도 당신은 물이 아니지만 당신은 물이 아니지 않기도 하다. 당신이 물속에 있고, 물에 젖었기 때문이며 물과 당신의 관계가 쉼 없는 과정의 관계이기 때문이다.

활동성의 개념은 다음 사례로 설명할 수 있다. 가령 당신이 그냥 물에 누워 물결에 떠내려간다면 완전히 수동적으로 보이더라도 활동적인 과정이다. 헤엄칠 줄 모르는 사람은 꼭 필요한 미세한 균형을 잡지 못할 것이므로 수동적으로 물결에 떠내려갈 수도 없기 때문이다. 그러므로 당신이 자신의 대상과 함께 '젖는'지 '젖지 않는'지가 대상과 당신의 관계 차이를 결정한다. 당신이 사람과 어떻게 대화를 나누는지, 풍경을 어떻게 바라보는지, 어떻게 생각하는지가 정적이고 이기적이며 고립된 인간과 세상 안에 존재하며 과정적이고 활동적인 인간의 차이를 결정하는 것이다.

여기에 또 다른 것이 추가된다. 세상 안에 존재하며 세상에 자신을 내주고 삶의 행위에서 자신을 변화시키는 존재는 탐욕과 소유욕을 버릴 때만, 자신의 자아를 (중세의 의미건 데카르트의 의미건) 세상과 대립하는 고정불변의 고립된 에고ego로 생각하지 않을 때만 가능하다. 이러한 자아를 단념할 때만, 신비주의자의 언어로 표현해 완전히 자신을 텅 비울 때만 인간은 자신을 완전히 채울 수 있다. 세상에서 그에게로 다가오는 것으로 완전히 채워지기 위해서는 자신의 이기적인 자아를 비워야 하기 때문이다. 인간이건, 자연이건, 생각이건 관계없다. 자신으로 꽉 찬 인간은 마음을 열고 자신을 내줄 자유가 없다. 다시 한번 마르크스의 말을 빌리면 부자는 많이 가진 사람이 아니라 많이 존재하는 사람이다. 20세기를 사는 우리는 한 가지를 더 추가할 수 있을 것이다. 많이 소비하는 사람은 부자가 아니라고 말이다.

그런 개념에 대해 이야기한다면 우리는 이미 문제 'Ⅹ'
의 한가운데로 들어와 있는 것이다. 여기서는 일단 마르
크스보다 한 걸음 더 나아가야 한다는 점을 말하지 않을
수 없다. 마르크스는 이렇게 말한다. "철학자들은 세상을
다양하게 해석했을 뿐이며, 그보다 더 중요한 일은 세상
을 바꾸는 것이다"(마르크스, MEGA I, 5, 535쪽). 'Ⅹ' 관점에
서 보면 한마디를 더 추가해야 한다. 그렇다. 세상을 바꾸
어야 한다. 하지만 철학은 물론이고 세상의 변화도 넘어
서야 한다.

중요한 것은 인간이 스스로 다른 인간이 되는 것이다!
하지만 그 말은 자기 행동의 효과적 동기가 될 수 있는 가
치를 발견해야 한다는 뜻이다. 세상의 변화만 중요한 것
이 아니다. 세상의 다양한 해석이 중요한 것도 절대 아니
다. 중요한 것은 지금껏 이데올로기적으로만 인정했던 가
치가 자기 인성과 행동의 강제적 동기가 될 정도로, 깊이
있는 변화가 어떻게 가능한가 하는 것이다.

'Ⅹ' 관점에서 본다면 인간은 탄생의 순간에 하나의 질
문을 마주하고, 인생의 매 순간 그 질문에 답해야 할 것이
다. 그 질문이란 바로 이것이다. "인간이란 무슨 의미인
가?" '비非Ⅹ 인간'은 이 질문을 전혀 보지 못한다. 소비가

제공하는 것에 만족하기 때문이고, (요즘은 드물지만) 도덕적으로 정당하게 행동하는 자신에게 만족하기 때문이다. 하지만 '× 인간'은 이 질문에 대답을 내놓아야 하며, 이 대답은 본질적으로 생각이 아니라 총체적 인성의 대답이다.

이를 설명하기 위해 유대교의 이야기 한 편을 소개하겠다. 사람들이 한 남자에게 하시드Hasid파(고대 유대교의 분파. 유대교 율법과 안식일을 엄격히 지켰으며, 이스라엘 하스몬 왕조에게 탄압을 받았다고 전해짐—옮긴이)의 스승을 왜 찾아가느냐고, 말씀의 지혜를 들으러 가느냐고 물었다. 그는 대답했다. "아니요. 그러려고 가는 게 아닙니다. 전 그저 그분이 구두끈을 어찌 매시는지 보고 싶습니다." 구두끈을 매는 작은 행위는 입 밖으로 꺼내는 온갖 철학 이념보다 인간의 현실에 대해 훨씬 더 많은 말을 한다.

인간은 질문받은 자신을 바라본다. 그 질문의 답이 세상 무엇보다 중요하다. 이 질문이 사실상 두 번째 산업혁명의 문턱에 들어선 지금이야말로 완벽한 현실이 될 것이라는 점을 지적해야 한다. 지금까지 인류 역사에서는 대다수가 하루를 마치고 나면 너무 피곤해서 이러한 문제를 진지하게 고민할 여력이 없었다. 소수의 지배층은 삶을 즐기느라, 또 자신의 지배를 받는 사람들이 무서워 걱정하느라 너무 바빠서 이 문제를 고민하지 못했다.

20년 후 미국에서 주 10시간 일하는 사람들은 전혀 다르다. 이 사람들이 50시간을 더 소비하면서도 미치지 않을 수 있을지, 아니면 처음으로 인간 실존의 문제를 진지하게 고민할 수밖에 없을지 하는 문제가 발생한다. 이들이 어떤 가능성을 선택할지는 누구도 예상할 수 없다. 그래도 인간이 완전한 소비자가 된 사회는 내적 활력이 부족해 사멸하리라는 것은 분명하다. 괴테가 말했듯 희망이 없는 사회는 생존 능력이 없기 때문이다. 여기서 '희망'이란 인간이 기계의 부속품, 부속물이 되는 목표가 아니라 인간적인 목표가 있다는 뜻이다. 따라서 특히 앵글로색슨 계열 나라에서 열띤 토론의 대상이 되는 문제에 대해 입장을 정할 필요가 있다. "신은 죽었는가?" 오늘날 이 질문은 신이 죽었느냐가 아니라 인간이 죽었느냐를 묻는다. 인간이 내면의 생명력을 다 잃을 정도로 수동적이고 공허하며 소외된 **소비하는 인간**으로 위축되었는가? 실제로 인간이 죽었다면 종교인과 비종교인의 신학적 대화나 대담도 별 가치가 없을 테니 말이다.

"죽은 자들은 여호와를 찬양하지 못하나니." 시편은 이렇게 말한다(115장 17절). 나는 실제로 죽은 자들은 물론이거니와 완전히 수동적이고 소외된 사람들도 여기에 해당된다고 생각한다. 신에 대해 이야기하건 말건 이들은 신을 찬양할 수 없다. 신을 찬양해 표현할 수 있는 마음 자세를 갖출 능력이 없기 때문이다.

오늘날 기독교 인문주의자와 비기독교 인문주의자의 대화는 사실상 두 가지 차원에서 이루어진다. 기독교 인문주의자와 마르크스주의 인문주의자가 대화한다고 가정한다면, 일단 공동의 목표를 발판으로 삼는다. 이 세계의 정의나 사람들의 상황 개선 등이 그러한 목표일 것이다. 하지만 훨씬 더 친숙하고 긴밀한 대화가 있다. 일신교 종교인과 비일신교 종교인의 대화다. 물론 비일신교 종교인은 자신들의 개념을 표현할 맞춤 언어를 찾기가 조금 더 힘들다. 2000년 전부터 모든 개념이 서구 종교, 특히 기독교에 맞춰졌기 때문이다.

불교 공부는 너무나도 중요하다. 불교는 일신교가 아니며 신을 섬기지 않지만 본질적으로 기독교나 유대교 신비주의와 매우 일치한다. 마이스터 에크하르트(요하네스 에크하르트Johannes Eckhart, 1260~1327, 독일의 로마 가톨릭 신비 사상가—옮긴이) 같은 신비주의자의 사상을 특정 불교 경전과 비교해보면 거의 완벽하게 일치한다. 나는 일신교와 비일신교 종교인이 다투지 않을 것이라고, 다투지 않아야 한다고 믿으며, 둘 다 자기 자신보다 남을 더 잘 이해해야 한다는 원칙에 따라 행동하는 것이 옳다고 생각한다. 타인의 약점을 찾아 공격할 것이 아니라 자신의 약점을 먼저 살펴야 한다고 말이다.

분명 일신교의 전통도, 비일신교의 전통도 각자의 발전과 사상에서는 다툴 지점이 있을 것이다. 그럼에도 둘은 본질적으로는 원칙적으로 같은 입장을 취하며, 종교 내부는 물론이고 외부에서도 대다수가 취하는 우상숭배의 입장과는 절대 합치될 수 없다.

딴말이지만 소외 개념이 최초로 등장한 곳이 구약의 예언서라는 사실을 상기해주고 싶다. 예언서는 말한다. 우상이란 대체 무엇인가? 우상은 생명 없는 물건이며 인간의 손에서 나온 작품이지만 인간은 자신의 작품 앞에 머리를 조아린다. 인간은 나무 한 조각을 집어 들어 일부는 불을 지펴 케이크를 굽고 남은 일부는 우상을 만들어 숭배한다. 예언서보다 더 심도 있게 소외 개념을 설명한 것은 아마 어디에도 없으리라.

신학의 필요성에 대해서는 의심할 수도 있다. 알아볼 수 없는 신이라면 과연 신에 대해 이야기하는 것이 가능한지 당연히 물을 수 있기 때문이다. 하지만 정말로 필요한 것은 우상의 '이데올로기', 우상의 학문이다. 실제로 우상은 항상 새로운 이름을 얻는다. 우상의 이름이 바알Baal(고대 중동 지역에서 숭배하던 풍요의 신─옮긴이)이나 아스타르

테 Astarte(고대 근동 지방에서 모시던 대모신―옮긴이)가 아니라 조국이나 명예, 생산 혹은 '고립된 개인'이라면 우상을 '우상'이라 부르지 않는 것은 인간의 큰 착각이다. 일신교뿐 아니라 비일신교의 ×인간들에게는 우리 시대 우상의 정체를 밝히고, 오늘날 우상숭배의 형태가 무엇인지 입증해야 할 공통 과제가 있다.

인간의 학문을, 철학적이고 심리학적인 새로운 인류학을 세우는 것은 말과 생각이 아니며 생각 뒤에 자리한 체험에 열중하는 모든 이들의 과제다. 그러한 인류학은 인간의 메커니즘이 무엇인지 실증주의적 의미에서 단순히 열거하는 데 만족하지 않고 인간 실존의 문제에 대한 해답을 찾으려 노력할 것이다.

오늘날 우리는 의식적 사고가 실제로는 인간 경험의 한 가지 차원에 불과하다는 사실을 깨달아야 한다. 사고 역시 자신이나 타인을 이해하는 과정이기에 당연히 그 차원이 중요하지 않은 것은 아니지만, 다시금 신중에 신중을 기해 사용해야 한다. 더 중요한 차원은 인간 체험 현실의 차원이기 때문이다. 그 차원에서 우리는 (이것은 다시금 인류학과 연결된 다른 과제다) 인간 입장에서 볼 때 ×체험의 본질이 무엇인지 연구할 수 있을 것이다. 그것이 신의 개념으로 표현되건 비일신교의 개념으로 표현되건 관계없이 말이다. 어쩌면 신이 죽었는지 묻는 질문은 아리스토텔레스가 죽었기에 구약 예언서와 신약 사상의 묘한 연속성을 아리스토텔레스 철학의 개념으로 일단락 지을 수 있고, 오늘날 다시 구약 예언서와 신약 사상의 직접적이고 추상적이지 않은 스타일로 되돌아온다는 문제와 매우 밀접한 관련이 있을지도 모른다.

우리에게 필요한 것은 특정한 사회 활동, 사회현상은 인간의 발전에 해로우며, 다른 것이 유익하다는 깨달음이며, 모든 종류의 사회 변화는 그 자체로 인간 해방의 필요조건이기는 하지만 충분조건은 아니라는 깨달음이다.

인간의 해방은 새로운 인류학을 기반으로 해야만 가능하다. 소외, 수동성, 활동성, 개방성 같은 개념은 물론이고 악, 질투, 증오, 파괴욕, 나르시시즘, 혐오 등의 개념이 무슨 의미이며, 동양뿐 아니라 서양의 인문주의적-종교적 문화가 가르쳐준 목표를 추구하는 데 방해가 되거나 도움이 되는 인간의 무의식적 힘이 무엇인지 철학적이지만은 않은 경험적 방식으로 연구하는 인류학 말이다. 바로 이것이야말로 일신교와 비일신교 인문주의자들의 대화에서 언급해야 할 위대한 공통 과제라고 생각한다.

9

활동적인
삶

비타 악티바Vita Activa, 다시 말해 활동적인 삶에 대해 이
야기할 것이라 말하면 아마 많은 독자들이 이렇게 반발
할 수도 있다. "왜 활동적인 삶에 대해 더 이야기해야 해
요? 우리는 이미 지나치게 활동적이고, 더 활동적인 사람
이 되라는 소리를 귀에 못이 박히도록 들었어요. 우리에
게 부족한 건 고요와 자각, 집중이 아닌가요?"

그렇다면 과연 '활동적'이란 무슨 뜻일까? 20세기의 가
장 위대한 사상가 중 한 사람인 알베르트 슈바이처Albert
Schweitzer, 1875~1965(독일의 신학자·철학자·음악가·의사 — 옮
긴이)가 현대인은 병적으로 수동적이라고 말했다는 사실
을 떠올려본다면, 우리가 알고 있는 그 개념에 뭔가가 잘

못되었을 수도 있다. 그 말은 '활동적'이라는 개념과 '수동적'이라는 개념이 전혀 다른 두 가지 방식으로 사용된다는 뜻일 것이다. 실제로 '활동성'과 '수동성'이라는 두 개념은 20세기가 흐르는 동안 근본적으로 달라졌다. 고전 고대古典古代, classical antiquity에서 현대에 이르기까지, 그러니까 아리스토텔레스도, 토마스 아퀴나스Thomas Aquinas, 1224/1225~1274(중세 유럽의 스콜라 철학을 대표하는 이탈리아의 신학자―옮긴이)도, 마이스터 에크하르트도, 스피노자도, 카를 마르크스도, 알베르트 슈바이처도 '활동성'을 우리 안에 깃든 정신력의 자유롭고 자발적인 표현이라 여겼다. 우리 안에 깃든 정신력이란 이성, 감정, 미의 감수성을 의미한다. 활동성은 우리 자신에게서 비롯되고, 강요된 것이 아니며, 우리 모두에게 깃든 창조적 힘에서 나오는 어떤 것이 우리 안에서 탄생한다는 의미다.

몇 가지 짤막한 사례를 들어보자. 아리스토텔레스는 최고 형태의 활동성은 다름 아닌 관조적인 삶, 다시 말해 진리 추구에 있다고 말한다. 마이스터 에크하르트는 활동적인 삶을 적극 옹호하지만 그가 말하는 활동성은 무언가 일을 하는 것이 아니라 사랑과 헌신의 정신으로 인간의 행복을 위해 행동하는 것이다. 스피노자에게는 '활동성'과 '수동성'의 개념이 매우 큰 의미를 지닌다. 사실상 스피노자의 모든 이론 체계는 이러한 활동과 고통이라는 개념의 언저리를 맴돈다. '수동적passive'이라는 단어는 라틴어 '고통당하다passio'에서 나온 말이기 때문이다. 그에게 활동적이란 말은 하나의 행위가 온전히 나의 인간 본질에서 나오는 동시에 이성과 일치한다는 뜻이다. 인간이 고통을 당하면, 즉 수동적이면 그의 행동은 본성에서 나온 것이 아니며 이성적이지 않고 그 자신이 아니라 외부에서 결정된다. 카를 마르크스까지 인용해도 될까? 여기서 내가 말하는 카를 마르크스는 진짜 마르크스와 그의 저서다. 공산주의자는 물론이고 개량주의자까지 저지른 위조와 왜곡이 아니다. 마르크스는 자유롭고 의식적인 활동성이 인간의 본성을 이룬다고 본다. 스피노자의 개념과 전혀 차이가 없다.

이것이 현대, 즉 산업 시대에 이르기까지 수백 년을 지배한 활동성의 개념이다. 그런데 우리 시대에 와서는, 그러니까 산업사회와 (자주 사용되는 개념으로) 포스트 산업사회에서는 활동성이 뜻하는 바가 전혀 다르다. 아주 간단히 말해 활동성은 사회에 유익한 변화를 주는 것을 목표로 인간의 에너지를 사용하는 것이라 정의할 수 있다. 인간의 에너지가 사회 관점에서 유익한 변화를 일으킨다는 것이 관건이다.

무슨 말일까? 농부, 목수, 우체부, 별 가치 없는 물건을 파는 판매원, 주식 투기꾼을 가리키지 않으며 눈에 보이는 결과를 내는 일을 하는 모든 사람을 활동적이라 부른다. 다르게 정의할 수도 있다. 즉 돈을 벌 수 있는 모든 행위를 활동이라 부른다. 개념을 분명하게 비교해보면 이렇게 말할 수도 있다. 과거 전통적 의미의 활동성은 행위나 행동이다. 현대 산업의 의미에서 활동성은 분주함이다. 이 말은 영어 busyness와 정확히 일치한다. to be busy는 분주함이고 business는 사업이다. 이 두 가지는 서로 떼려야 뗄 수 없는 사이인 것이다.

그렇다면 과거 전통적 의미와 현대 산업적 의미의 활동성은 무엇이 결정적으로 다른가? 내 생각에는 산업 시대 이전 행위는 자유의 동기가 특징이었지만 현대적 의미의 활동성은 강제 동기가 특징이라는 말을 할 필요가 있다. 이제 이 말을 들은 많은 독자가 놀랄 것이다. "왜요? 우리는 누구나 하고 싶은 것을 할 수 있고 하기 싫은 것은 안 할 수 있지 않나요? 마음 가는 대로 행동할 수 있지 않나요?" 그런데 왜 나는 여기서 강제라고 말하며 또 한편으로 자유라고 말하는가?

오늘날에는 자유라는 말을 무척 많이 사용하며, 그 말을 이용해 선전도 많이 한다. 하지만 위대한 인문주의 전통의 의미에서 실제로 자유의 근본으로 파고들어 가보면 자유란 강제 없이도 자신을 표현할 수 있고 자신에게서 무언가를 만들어낼 수 있는 인간의 가능성이다. 그럴 수 있다면 그 사람은 자유롭다. 하지만 삶이 강요에 따른다면 그 사람의 행동은 자유롭지 못하다. 이제 당신은 이렇게 말할지 모르겠다. "그래요. 그러면 우리 모두는 자유롭네요. 우리는 누가 억지로 시켜서 일하는 게 아니니까요." 하지만 그건 큰 착각이다. 강제가 무슨 뜻인지 몇 가지 사례를 들어 설명해보겠다.

물론 그리스 노예가 그러했듯 외부 강제가 작용할 수 있다. 그리스 노예는 외부 강요로 일했기에 그의 행위, 활동성은 강제 노동이다. 그러면 당신은 현대의 노동자를 예로 들면서 이렇게 말할 수 있다. 지금도 강제는 있지만 간접적이라고. 현대의 노동자는 노동만 팔지만 대체로 기업가가 부과한 조건에서 노동을 팔도록 강요당한다. 물론 지난 50년 동안 많이 달라지기는 했다. 노동자는 거대 조직을 통해 자기 자신을 대변한다. 가끔 그 조직이 그에게 조직이 원하는 일을 하도록 강요하기도 하지만 말이다. 그럼에도 그는 여전히 일할 것인가 아니면 굶어 죽을 것인가 고민해야 한다. 그에게는 일을 하지 않겠다고 말할 수 있는 뒷배가, 자본이 없기 때문이다. 그러므로 이것은 외부 강제의 형태이며, 이에 관해서는 잘 알려져 있으니 여기서 더 이상 다루지 않을 것이다.

두 번째 형태의 강제는 내적 강제이며 훨씬 더 중요하지만 대부분이 의식하지 못한다. 큰 내적 강제 중 하나를 예로 들어보자. 바로 불안이다. 종교사에서는 칼뱅주의가 매우 명확한 사례다. 칼뱅주의에서 인간은 구원이 예정되어 있는지 아닌지 몰라 항상 불안에 떨었다. 자신이 구원받을지 아닐지 알 수 있는 유일한 길은 성공 여부를 알아보는 것이었다. 따라서 인간은 구원받지 못할 것이라는 불안으로 어마어마한 노동의 강제를 키웠다. 노동과 경제적 성공이 실제로 그를 안심시킬 수 있었기 때문이다. 성공이 실제로 선택받은 자에 속한다는 증거는 아니었지만 어쨌든 그렇다고 추정할 매우 중요한 동기는 되었다.

굳이 칼뱅주의까지 들먹일 필요는 없다. 매우 극적이기는 하지만 그건 과거 사례에 불과하니 말이다. 오늘날 사람들의 마음 깊은 곳을 들여다보면 대체로 심한 공포와 불안이 담겨 있다. 온갖 것이 다 무섭다. 자신이 불안하고, 삶이 무의미해서 겁나며, 경쟁이 두렵고, 관공서가, 부모님이, 자식들이 겁나고, 낯선 사람은 모조리 무서우며, 자기 남편이나 아내가 겁난다는 사람도 적지 않다. 이러한 상황에서 불안에서 탈출하는 가장 좋은 방법은 일이다.

살면서 사람들이 미친 듯이 일하는 사례를 얼마나 자주 목격하는가. 사실 사람들은 불안이 자신을 몰아대고 있다는 사실을 알고 있다. 사람들은 불안에서, 불안에 대한 의식에서 벗어나고자 하며, 따라서 단 한순간도 자신이 불안하다는 것을 의식하지 않으려고 일하고 또 일한다.

어떤 사람이 직업을 잘못 택해서 불안해한다. 그러면 뭘 해야 할까? 새 직업을 택하면 어떨지 고민하는 대신 그는 기존 직업으로 더 많이 일해서 자신과 자신의 의혹을 잊어버린다. 혹은 결혼을 잘못했다 치자. 그러면 자신과 아내 혹은 두 사람 모두 변할 수 있다는 생각을 하는 대신 온종일 일을 해서 이런 상황에 대한 불안에서 도망치려 애쓴다. 이 말을 들은 당신은 아마 피곤에 절어 집으로 돌아오는 사업가를 떠올릴 것이다. 미친 사람처럼 일하고 퇴근해서는 아내와 하루 저녁에 세 마디 이상 나누지 않는 사업가 말이다. 결혼 생활의 갈등을 참고 견디라는 요구를 그는 그런 식으로 빠져나가는 것이다.

담배, 운전, 음주 등 몇 가지를 제외하고는 일은 현대사회의 최고 진통제 중 하나다. 사람들은 행위로 도망친다. 꼭 일만 해당되는 것은 아니다. 일이 끝나면 운동을 하고 클럽에 간다. 그저 분주하기만 하면 된다. 단 한순간도 고요해서는 안 된다. 그러면 다시 불안이 고개를 내밀 테니 말이다.

그것이 강박신경증 같을 때도 정말 많다. 강박신경증의 경우 증상을 가장 뚜렷하게 확인할 수 있다. 짤막한 사례를 하나 들어보자. 어떤 남자가 한 여자를 사랑한다. 아니면 사랑한다고 믿는다. 그래서 그녀의 집에 가려고 한다. 그 여자가 사는 도시로 가는 기차는 하루 두 번, 4시와 5시에 출발한다. 이제 그는 강박신경증의 전형적 의심에 빠져든다. 4시 기차를 타야 할까 아니면 5시 기차를 타야 할까? 그는 4시 기차는 이런 장점이 있고 5시 기차는 저런 장점이 있지만 둘 다 단점이 있다고 자신에게 말하기 시작하고, 결국 30분 후 완전히 지쳐 나가떨어진다. 어느 기차를 타야 할지 결정을 내릴 수 없기 때문이다.

무슨 일이 일어났는지 분석해보면 알게 되거나 눈에 보인다. 사실 그는 자신이 그 여자를 사랑하는지 의심한다. 하지만 이러한 의심을 쫓아버리려 한다. 그렇지 않으면 결정을 내려야 하고, 자신이나 그녀에게 상처를 주어야 한다. 따라서 모든 의심이 쫓겨나고, 그 자리에 병적인 활동성이 들어온다. 물론 이 경우 활동성은 사회적인 목적은 없지만 분주함의 특징은 모조리 갖추었다.

다른 사례는 마취 이후의 상황이다. 아주 간단하게 요약해보자. 한 남자가 마취를 받는다. 마취에 빠져 있는 동안 마취사가 그에게 말한다. 마취에서 깨어나고 15분 후 당신은 윗옷을 벗을 것이다. 마취에서 남자가 깨어나고, 정확히 15분 후 그는 말한다. "아, 오늘 정말 덥네. 도저히 못 참겠어." 그리고 윗옷을 벗는다. 그는 자신의 행동이, 다시 말해 윗옷을 벗는 행위가 **자신의** 활동이 아니라는 사실을 눈곱만큼도 짐작하지 못한다. 그는 타인이 시키는 대로 행동했으나 다만 이 외부의 힘을 스스로 의식하지 못해 자신의 의지로 행동한다고 생각한다. 그는 더 나아가 그 행동을 합리화하고 그렇게 행동할 이유가 아주 많은 것처럼 자신을 속인다.

이러한 종류의 활동성은 전부 공통점이 있다. 그는 자유롭지도 즐겁지도 흥미를 느끼지도, 실제로 활동하지도 않는다. 외부의 강제, 대부분은 내면의 강제 때문에 자신이 행동한다는 사실을 의식하지 못한다. 자유롭지 않은 활동성, 다시 말해 분주함은 산업사회 이전과 대비되는 지금의 사회 분위기와 꼭 들어맞는다. 중세에는 인간의 구원과 완성이 목표였다. 산업 시대에는 물건의 최대 생산과 최대 소비가 목표다.

인간은 최고의 자산, 즉 경제적·기술적 진보에 쓰이는 도구가 된다. 존재가 아니라 소유에 쓰이는 도구가 된다. 따라서 인간이 어떤 **동기**에서 활동적인지가 중요하지 않고 **결과**가 중요하다. 중요한 것은 오직 행동의 개인적·사회적 유용성뿐이다. 심지어 강제 활동이 경제적이며, 적어도 겉보기에는 자유에서 나온 활동보다 더 유익하고 단순하며 효과적일 때도 적지 않다.

그 결과는 무엇일까? 강제 노동자는 (대체로 우리 모두가 강제 노동자다) 일이 단조롭고 의미 없고 따분하고 재미가 없어 고통스럽다. 물론 그는 그 사실을 의식하지는 못한다. 자신이 고통당한다는 사실조차 의식하지 못한다. 하지만 여러 증상이 그가 고통당한다고 말한다. 그에 더해 나는 이 말을 하고 싶다. 우리는 의식하지 못하는 많은 것을 알고 있고, 그 사실을 유념해야 한다고 말이다. 논리적인 모순 같지만 그게 사실이다. 우리는 많은 것을 예감하고 감지하며 안다. 물론 무엇을 아는지 기억하지는 못하지만 말이다. 그럼에도 그것은 우리 안에 있고 우리는 많은 에너지를 아는 것을 쫓아내는 데 사용한다. 아마도 현대인 대부분이 상당한 에너지를 아는 것을 쫓아내는 데 사용할 것이다. 자기가 무엇 때문에 고통스러운지, 자기 일이 얼마나 단조로운지 의식하면 자기 상황을 모두 바꿔야 하고 사회적 변화를 바라야 할 것이다. 그 모든 것이 너무 복잡하고 어렵기에 그는 차라리 즐겁지도 자유롭지도 않은 일, 즉 강제 노동의 고통을 인식하지 않고 일을 더 많이 해서 무감각해지려고 한다.

이것이 현대인의 심각한 자기기만 중 하나라고 할 수 있다. 현대인은 매우 활동적이라 믿지만 실제로는 매우 수동적이다. 그의 활동성은 그에게서 비롯된 것이 아니라 바깥에서 지시하고 조종하는 활동성, 그에게 불어넣은 활동성이기 때문이다. 앞에서도 언급했듯 슈바이처는 이 모든 사실을 정확히 인식했다. 하지만 그가 아무리 모든 사실을 분명히 밝혔어도 그의 말을 조금 더 많은 사람들이 깨닫기까지 오랜 시간이 걸렸다. 하지만 그 숫자는 늘어나기 시작했다. 지금 서구 사회에서는 많은 사람들이 자신의 일과 행위가 무의미하고 즐겁지 않으며 일이 삶을 죽이고 있다는 사실을 명확히 의식하며, 명확하지는 않다 해도 적어도 어느 정도는 의식하고 있다. 삶에 깊은 불만이 있으며, 내면의 수동성이 빚어낸 자신의 고통을 어떤 방식으로건 해소하기 위해 스스로가 큰 노력을 기울이고 있다는 사실을 많은 사람들이 의식하는 것이다.

수동성의 결과는 무엇일까? 중요한 결과 중 하나는 누가 봐도 확실하며 점점 더 명확해지고 있다. 바로 소비하라는 강제, 소비하는 인간이 되라는 강제다. 소비하는 인간은 내면이 공허하고 수동적이기 때문에 날이 갈수록 더 많은 것을 안으로 불어넣어야 한다. 수동성 탓에 실제로는 공허하지만 꽉 찼다는 허울을 선사할 물건으로 자신을 채워야 한다. 세계를 지배한다고 잘난 척하는 어른임에도 그는 젖을 달라고 우는 영원한 젖먹이다.

실제 그의 분주함과 게으름은 같은 것이다. 즉 내면 활동성의 결핍이다. 오늘날 우리는 그 사실을 알고 있다. 많은 사람들이 강박적으로 활동하고 강박적으로 활동적이지만 그러고 나면 활동적으로 행동한 만큼 게으르고 싶다는 갈망을 느낀다. 물론 활동하고 나서 운동하는 사람들도 있지만 그 역시 다른 형태의 강박적 활동성일 때가 많다. 운이 좋아 아무것도 안 할 수 있고 최대한 게으름을 부릴 수 있는 사람도 아주 많다. 그것은 '휴식'이다. 그러나 사실 그러한 휴식은 일과 마찬가지로 수동적이다. 수동적인 일과 수동적인 휴식, 이 둘은 딱 맞는 짝이다. 충분히 쉬고 나면 다시 문제가 고개를 내밀고, 아마도 고민하기 시작할 것이다. 그렇다. 그러고 나면 다시 고민을 잊기 위해 일해야 한다.

정치적 수동성에서도 똑같은 것을 목격한다. 오늘날 사람들은 정치에 관심이 많은 척하며 거기 관련된 이야기를 하고 선거와 이런저런 후보에 대해 열을 올린다. 하지만 실제로는 정치에 무관심하며 완벽하게 숙명론적이다. 어떤 후보에게 투표하는 것은 큰 즐거움이며 그 후보가 이기면 정말로 스릴 있다. 어떤 후보에게 표를 던질 때는 돈을 걸지 않지만 경마할 때와 같다. 두 마리 말을 잘 살피고 입안을 들여다보고 나서 이렇게 말한다. "그래, 이놈이 이길 거야."

그것은 진정한 정치적 활동성과는 아무런 상관이 없다. 바로 이러한 내면의 게으름과 수동성 때문에 당연히 민주주의의 사정도 좋지 않다. 사람들이 자발적으로 관심을 갖지 않는, 다시 말해 활동적이지 않은 민주주의, 가난한 로마 시민들이 서커스나 검투 경기를 볼 때나 요즘 사람들이 경마를 볼 때와 똑같이 수동적인 관중의 자세를 취하는 민주주의가 무슨 민주주의란 말인가? 물론 그렇게 된 데는 TV 같은 기기의 역할이 크다. 아침 7시부터 TV 방송을 시작하는 미국은 독일보다 상황이 더 나쁘다. 하지만 근본적으로는 어디서나 똑같다. 사람들은 밖에서 들어오는 것을 '들이마시고' 은연중 머리에 박힌 생각에 수동적으로 속박된다. 사람들은 뉴스를 '집어삼킨다.'

내적 수동성은 대중의 문제만이 아니다. 대중에 대해서는 이렇게 말할 수도 있다. "그래, 어차피 그 사람들은 영향력이 없어. 수동적이지 않으면 뭐 어쩌겠어?" 하지만 지배자들도 피지배자와 크게 다르지 않다. 이들도 똑같이 수동적이고 숙명론적이다. 국민이 그들에게 이끌리는 것과 똑같이 그들은 관료적 절차법에 이끌린다. 국민이 어디로 가는지는 아무도 모른다. 국민이 어디로 가려 하는지도 아무도 모른다. 전체를 결정하는 것은 다름 아닌 관료적 규칙이다.

사소한 사례를 하나 들어보자. 제2차 세계대전 중이었다. 잠수함을 보다 합리적으로 건조하자는 논의가 있었다. 잠수함 위에 붙은 작은 단상을 제거해 공기저항을 줄이고 속도를 더 높이자는 것이었다. 그러자 한 제독(되니츠 제독이었는지 래더 제독이었는지 모르겠다)이 다음과 같은 이유로 반대했다. 선원들이 퍼레이드를 할 때 거기에 서서 경례하기 때문에 단상이 필요하다! 즉 전쟁을 수행하는 입장에서는 합리적으로 보였던 의견이 관료적이며 유아적 동기로 거부당했다. 배에도, 사람에게도, 군사적 성공에도 손해였는데 말이다. 이건 정말 극적이긴 하지만 사소한 사례에 불과하다. 하지만 지도자 스스로가 가짜 사실과 운명에 얼마나 수동적인지 안다면, 세계 최고 수뇌들이 알고 있듯 피할 수 없는 재앙을 예방하기 위해 왜 아무 짓도 하지 않는지 이해하게 될 것이다.

내가 이러한 고민을 하는 이유는 올바른 활동성을 키우라고 권하고 싶기 때문이다. 관조와 상반되지 않으며 자기 발전을 지원하는 활동성을 키우라고 권하고 싶다. 지금 우리에게는 이를 성공시키는 것이 결정적으로 중요하다. 우리가 생존하려면 지금처럼 그냥 살아가서는 안 된다. 제대로 사는 법을 배워야 한다.

목표는 무엇인가? 나는 수동성을 의식하고 이 수동성이 인간에게 고통을 준다는 사실을 깨달아야 한다고 생각한다. 시작은 깨달음이다. 다음 걸음은 진정한 활동성의 연습이다. 아마도 그 시작은 한번 가만히 앉아 바라보려는, 들어보려는, 명상하려는 노력일 것이다. 이건 절대 쉬운 과제가 아니다. 말은 정말 쉬워 보인다. 가만히 좀 앉아 있어! 대부분의 사람들은 대답할 것이다. "그게 뭐 특별하다고. 당장이라도 할 수 있어. 그게 대체 무슨 의미가 있다고 그래?" 하지만 한번 해보면 당신이 얼마나 쉼 없는 행동의 강제와 분주함에서 헤어 나올 수 없는지 깨닫게 될 것이다.

Bender, L., und Schilder, P., 1936: Aggressiveness in Children, in: Genetic Psychology Monographs, Jahrgang 18 (1936), S. 410~425

Calvin, J., 1955: Unterricht in der christlichen Religion. Institutio Christianae Religionis, übersetzt und bearbeitet von Otto Weber, Neukirchen 1955 (Verlag der Buchhandlung des Erziehungsvereins)

Despert, J. L., 1940: A Method for the Study of Personality Reactions in Preschool Age Children by Means of Analysis of their Play, in: Journal of Psychology, 9. Jahrgang (1940), S. 17~29

Freud, S., 1930a: Das Unbehagen in der Kultur, in: Gesammelte Werke (G. W.), London 1940~1952 (Imago Publishing Co.) und Frankfurt 1960 (S. Fischer Verlag), Band 14, S. 419~506

Fromm, E., Gesamtausgabe in 12 Bänden (GA), hg. von Rainer Funk, Stuttgart/München 1999 (Deutsche Verlags-Anstalt und Deutscher Taschenbuch Verlag):

– 1932a: Über Methode und Aufgabe einer Analytischen Sozialpsychologie: Bemerkungen über Psychoanalyse und historischen Materialismus, GA I, S. 37~57

– 1936a: Sozialpsychologischer Teil, GA I, S. 139~187

– 1937a: Zum Gefühl der Ohnmacht, GA I, S. 189~206

– 1939b: Selbstsucht und Selbstliebe, GA X, S. 99~123

– 1941a: Die Furcht vor der Freiheit, GA I, S. 215~392

– 1944a: Individuelle und gesellschaftliche Ursprünge der

Neurose, GA XII, S. 123~129

- 1947a: Psychoanalyse und Ethik, GA II, S. 1~157

- 1955a: Wege aus einer kranken Gesellschaft, GA IV, S. 1~254

- 1958d: Die moralische Verantwortung des modernen Menschen, GA IX, S. 319~330

- 1959c: Der kreative Mensch, GA IX, S. 399~407

- 1961a: Es geht um den Menschen! Eine Untersuchung der Tatsachen und Fiktionen in der Außenpolitik, GA V, S. 43~197

- 1964a: Die Seele des Menschen. Ihre Fähigkeit zum Guten und zum Bösen, GA II, S. 159~268

- 1966c: Psychologische Aspekte zur Frage eines garantierten Einkommens für alle, GA V, S. 309~316

- 1967e: Die Faszination der Gewalt und die Liebe zum Leben (= Lieben wir das Leben noch?), GA XI, S. 339~348

- 1970b: (M. Maccoby와 공동으로) Psychoanalytische Charakterologie in Theorie und Praxis. Der Gesellschafts-Charakter eines mexikanischen Dorfes, GA III, S. 231~540

- 1970j: Die psychologischen und geistigen Probleme des Überflusses, GA V, S. 317~328

- 1973a: Anatomie der menschlichen Destruktivität, GA VII

- 1976c: Der Wille zum Leben, GA IX, S. 393~397

- 1977a: Vita activa, in: H. J. Schultz (Hg.): Was der Mensch braucht. Anregungen für eine neue Kunst zu leben, Stuttgart 1977 (Kreuz-Verlag), S. 9~17

– 1980a: Arbeiter und Angestellte am Vorabend des Dritten
Reiches. Eine sozialpsychologische Untersuchung, hg. von
Wolfgang Bonss, GA III, S. 1~230

Horkheimer, M., 1936: Egoismus und Freiheitsbewegung, in:
Zeitschrift für Sozialforschung Jahrgang 5 (1936), S. 161~234

Horney, K., 1937: The Neurotic Personality of Our Time, New
York (W. W. Norton & Co.) 1937; deutsch: Der neurotische
Mensch unserer Zeit, Stuttgart (J. G. Cotta'sche Buchhandlung
Nachf.) 1951

– 1939: New Ways in Psychoanalysis, New York (W. W. Norton &
Company)

James, W., 1896: Principles of Psychology, 2. Bd., New York (Holt,
Rinehart & Winston) 1893/1896

Kant, I., 1907: Die Religion innerhalb der Grenzen der bloßen
Vernunft, in: ders., Kants Werke, Band VI, Berlin (Georg Reimer
Verlag) 1907

– 1907a: Der Rechtslehre Zweiter Teil. Das öffentliche Recht, in:
ders., Kants Werke, Band VI, Berlin (Georg Reimer Verlag) 1907

– 1908: Kritik der praktischen Vernunft, in: ders., Kants Werke,
Band V, Berlin (Georg Reimer Verlag) 1908

– 1933: Grundlegung zur Metaphysik der Sitten, hg. von Karl
Vorländer, Leipzig (Verlag Felix Meiner), 235

Kraus, J. B., 1930: Scholastik, Puritanismus und Kapitalismus,
München (Duncker und Humblot)

Levy, D. M., 1937: Studies in Sibling Rivalry. Band V. New York

(American Orthopsychiatric Association)

Lynd, R. S., 1939: Knowledge for What?, Princeton 1939 (Princeton University Press)

Marx, K., MEGA: Karl Marx und Friedrich Engels, Historisch-kritische Gesamtausgabe (= MEGA). Werke-Schriften-Briefe, im Auftrag des Marx-Engels-Lenin-Instituts Moskau hg. von V. Adoratskij; 1. Abteilung: Sämtliche Werke und Schriften mit Ausnahme des Kapital, 6 Bände, zitiert: 1, 1 bis 6; 2. Abteilung: Das Kapital mit Vorarbeiten; 3. Abteilung: Briefwechsel; 4. Abteilung: Generalregister, Berlin 1932

Mayo, E., 1933: The Human Problems of an Industrial Civilization, New York (The Macmillan Co.)

Nietzsche, F., 1906: »Sprüche und Pfeile«, in: Götzen-Dämmerung, in: ders., Nietzsches Werke, 1. Abteilung, Band VIII, Leipzig (A. Kröner Verlag) 1906

— 1910: Also sprach Zarathustra; in: ders., Nietzsches Werke, 1. Abteilung, Band VI, 1, Leipzig (A. Kröner Verlag) 1910

— 1910a: Zur Genealogie der Moral, in: ders., Nietzsches Werke, 1. Abteilung, Band VII, Leipzig (A. Kröner Verlag) 1910

— 1911: Der Wille zur Macht, in: ders., Nietzsches Werke, 2. Abteilung, Band XV und XVI, Leipzig (A. Kröner Verlag) 1911

— 1911a: Ecce homo, in: ders., Nietzsches Werke, 2. Abteilung, Band XV, Leipzig (A. Kröner Verlag) 1911

Pascal, B., 1972: Über die Religion und einige andere Gegenstände (Pensées), übertragen und hg. von Ewald Was-muth,

Heidelberg (Lambert Schneider Verlag)

Pascal, R., 1933: The Social Basis of the German Reformation. Martin Luther and His Times, London (Watts and Co.)

Robeson (Brown), A., 1927: The Portrait of a Banker: James Stillmann, New York (Duffield)

Schweitzer, A., 1963: ≫Die Entstehung der Lehre der Ehrfurcht vor dem Leben und ihre Bedeutung für unsere Kultur. Lambarene 21. April 1963≪, in: Die Lehre von der Ehrfurcht vor dem Leben. Grundtexte aus fünf Jahrzehnten, im Auftrag des Verfassers hg. von Hans Walter Bähr, München 1966 (Verlag C.H.Beck); hier zitiert nach A. Schweitzer, Gesammelte Werke in fünf Bänden, Ausgabe des Buchclubs ≫Ex Libris≪, Zürich 1974, Band 5, S. 172~191

Spinoza, Baruch de, 1966: Die Ethik. Schriften und Briefe, hg. von Friedrich Bülow, Stuttgart (Alfred Kröner Verlag)

Stirner, M., 1893: Der Einzige und sein Eigentum, Leipzig (Philipp Reclam jun.)

Tawney, R. H., 1926: Religion and the Rise of Capitalism, New York (Harcourt & Brace) 1926; deutsch: Religion und Frühkapitalismus. Eine historische Studie, Bern (A. Francke Verlag) 1946

Weber, M., 1920: Die protestantische Ethik und der Geist des Kapitalismus, in: Gesammelte Aufsätze zur Religionssoziologie, Band 1, S. 17~206, Tübingen (J. C. B. Mohr) 1920

1. 〈우리는 여전히 삶을 사랑하는가〉(1967e)는 '우리는 여전히 삶을 사랑하는가?Do We Still Love Life?'라는 제목으로 잡지 〈맥콜스McCalls〉(New York, Vol. 94 (August 1967), S. 57, 108~110)에 처음 발표되었다. 1994년에 라이너 풍크가 독일어로 번역해 글 모음집 《사랑, 섹슈얼리티, 모권사회. 성 문제에 관한 글Liebe, Sexualität, Matriarchat. Beiträge zur Geschlechterfrage》(우리나라에는 《여성과 남성은 왜 서로 투쟁하는가: 사랑, 성애, 모권사회를 중심으로》(이은자 옮김, 부북스, 2009. 11)로 번역되어 나와 있음―옮긴이)에 '폭력의 매력과 삶에 대한 사랑Die Faszination der Gewalt und die Liebe zum Leben'(Deutscher Taschenbuch Verlag in München, S. 211~224)이라는 제목으로 실었다. 이후 라이너 풍크가 번역을 손봐 에리히 프롬 12권 전집(München, Deutsche Verlags-Anstalt und Deutscher Taschenbuch Verlag, 1999, Band: XI, S. 339~348)에 다시 실었다. 이 책에 실은 글은 이 전집에서 발췌했다.

2. 〈인간은 수단이 아니라 목적이다〉(1958d)는 '현대인의 도덕적 책임The Moral Responsibility of Modern Man'이라는 제목으로 학술지 〈메릴-팔머 분기별 행동과 발달Merrill-Palmer Quarterly of Behavior and Development〉(Detroit 5 (1958), S. 3~14)에 처음 발표되었다. 1981년 리젤로테와 에른스트 미켈이 독일어로 번역해 에리히 프롬 10권 전집(Stuttgart, Deutsche Verlags-Anstalt, 1981, GA IX, S. 319~330)에 다시 실었다. 이 책에 실은 글은 이 전집에서 발췌했다.

3. 〈이기심과 자기애〉(1939b)는 '정신의학에서 이기심과 자기애 Selfishness and Self-Love in Psychiatry'라는 제목으로 〈대인관계 과정 연구 저널Journal for the Study of Interpersonal Process〉(Washington: The William Alanson Psychiatric Foundation 2/1939, S. 507~523)에 처음 발표되었다. 1994년에 라이너 풍크가 독일어로 번역해 글 모음집 《사랑, 섹슈얼리티, 모권사회. 성 문제에 관한 글Liebe, Sexualität, Matriarchat. Beiträge zur Geschlechterfrage》(Deutscher Taschenbuch Verlag in München, S. 177~210)에 다시 실었다.

- Copyright ⓒ 1939 by Erich Fromm; Copyright ⓒ 1994 und 2019 by The Estate of Erich Fromm

4. 〈창의적인 삶〉(1959f)은 '창의적 태도The Creative Attitude'라는 제 목으로 《창의성과 그것의 육성Creativity and Its Cultivation》(H. A. Anderson (Hg.), New York (Harper & Bros.) 1959, S. 44~54)에 처음으 로 실렸다. 1981년 리젤로테 미켈과 에른스트 미켈이 독일어로 번 역해 에리히 프롬 10권 전집(Stuttgart, Deutsche Verlags-Anstalt, 1981, GA IX, S. 399~407)에 다시 실었다. 이 책에 실은 글은 이 전집에서 발 췌했다.

- Copyright ⓒ 1959 by Erich Fromm; Copyright ⓒ 1981 und 2019 by The Estate of Erich Fromm

5. 〈죽음에 대한 태도〉(1976c)는 '살려는 의지The Will to Live'라는 제 목으로 〈예방의학 실습과 이론에 헌신한 국제 저널Preventive Medicine. An International Journal Devoted to Practice and Theory〉(New York, Jahrgang 5 (1976), S. 518~521)에 처음 발표되었다. 1981년 리젤 로테와 에른스트 미켈이 독일어로 번역해 에리히 프롬 10권 전집 (Stuttgart, Deutsche Verlags-Anstalt, 1981, GA IX, S. 393~397)에 다시 실

었다. 이 책에 실은 글은 이 전집에서 발췌했다.

- Copyright ⓒ 1976 by Erich Fromm; Copyright ⓒ 1981 und 2019 by The Estate of Erich Fromm

6. 〈무력감에 대하여〉(1937a)는 〈사회 연구 잡지Zeitschrift für Sozialfor-schung〉 6권(Paris 1937, S. 95~119)에 처음 발표되었고 그 후 에리히 프롬 10권 전집(Stuttgart, Deutsche Verlags-Anstalt, 1980, GA I, S. 189~206)에 다시 실렸다.

- Copyright ⓒ 1937 by Erich Fromm; Copyright ⓒ 2019 by The Estate of Erich Fromm

7. 〈기본 소득으로 자유를 얻으려면〉(1966c)은 '보장 소득의 심리적 측면The Psychological Aspects of the Guaranteed Income'이라는 제목으로 《보장 소득, 경제 진화의 다음 단계?The Guaranteed Income. Next Step in Economic Evolution?》(Robert Theobald (Hg.), New York (Doubleday & Co.) 1966, S. 175~184)에 처음 발표되었다. 1981년 리젤로테와 에른스트 미켈이 독일어로 번역해 에리히 프롬 10권 전집(Stuttgart, Deutsche Verlags-Anstalt, S. 309~316)과 글 모음집 《불복종에 관하여, 그리고 다른 에세이Über den Ungehorsam und andere Essays》(Stuttgart, Deutsche Verlags-Anstalt)에 다시 실었다.

- Copyright ⓒ 1966 by Erich Fromm; Copyright ⓒ 1981 und 2019 by The Estate of Erich Fromm

8. 〈소비하는 인간의 공허함〉(1970j)은 오스트리아 공영방송ORF에서 방송한 독일어 강연이다(첫 방송은 1966년 12월 30일이었다). 그 후 '과잉의 심리적·정신적 문제'라는 제목으로 《무서운 문명, 잘츠부르크 인문주의 대담Die erschreckende Zivili-sation, Salzburger Humanismusgespräche》(O. Schatz (Hg.), Wien, Europa Verlag 1970,

S. 35~58)에 실려 책으로 출판되었고 1981년 약간의 수정을 거쳐 에리히 프롬 10권 전집(Stuttgart, Deutsche Verlags-Anstalt, GA V, S. 317~328)에 다시 실렸다. 이 책에 실은 글은 이 전집에서 발췌했다.

9. 〈활동적인 삶〉(1977a)은 독일 라디오 방송국 쥐트도이처 룬트풍크 SDR: der Süddeutschen Rundfunks에서 기획한 시리즈 강연 '인간은 무엇이 필요한가'의 일환으로 1976년 11월 7일에 처음 방송되었다. 그 후 '비타 악티바'라는 제목으로 《인간은 무엇이 필요한가. 새로운 삶의 기술을 위한 조언Was der Mensch braucht. Anregungen für eine neue Kunst zu leben》(H. J. Schultz (Hg.), Stuttgart, (Kreuz-Verlag) 1977, S. 9~17)에 실려 출간되었다.